绿色守护

环境法理论及实践

陈全波◎著

中国出版集团 | 全国百佳图书
中国民主法制出版社 | 出版单位

图书在版编目（CIP）数据

绿色守护: 环境法理论及实践 / 陈全波著. — 北京: 中国民主法制出版社，2024.9. — ISBN 978-7-5162-3697-0

Ⅰ. D922.680.4

中国国家版本馆 CIP 数据核字第 202480VH86 号

图书出品人：刘海涛
出 版 统 筹：石　松
责 任 编 辑：刘险涛　吴若楠

书　　　名 / 绿色守护——环境法理论及实践
作　　　者 / 陈全波　著

出版·发行 / 中国民主法制出版社
地址 / 北京市丰台区右安门外玉林里 7 号（100069）
电话 / （010）63055259（总编室）　63058068　63057714（营销中心）
传真 / （010）63055259
http: // www.npcpub.com
E-mail: mzfz@npcpub.com
经销 / 新华书店
开本 / 16 开　710 毫米 × 1000 毫米
印张 / 12.25　字数 / 200 千字
版本 / 2025 年 2 月第 1 版　　2025 年 2 月第 1 次印刷
印刷 / 山东蓝彩天下教育科技有限公司

书号 / ISBN 978-7-5162-3697-0
定价 / 60.00 元

前　言

　　环境法的产生背景源于对环境问题的日益关注与认识。随着工业化和城市化的迅速发展，人类活动对自然环境造成的影响日益显现，环境污染、资源枯竭、生态破坏等问题日益突出，这些问题不仅威胁着人类的健康与生存，也对整个地球生态系统构成了挑战。社会各界对环保的呼声促使政府和国际组织采取积极行动，加强环境法律制度的建设与实施。因此，环境法的产生是对环境问题严峻性的认识与全球性合作的推动，为解决当今世界面临的严重环境挑战提供了有力的法律保障与指导。

　　本书内容涵盖环境法的多个维度，从技术基础到战术构成，从教学理论到实践创新，不仅系统梳理了环境法的特征、分类、属性，还详细解析了环境保护法、环境资源法、环境污染防治法、环境退化防治法，为读者提供一座丰富的"知识宝库"。

　　本书在内容上注重理论与实践的结合，既有深入的理论研究，又有生动的实践。在结构上，逻辑清晰、层次分明，便于读者理解和掌握，同时突出创新性和前瞻性，关注环境法领域的最新动态和发展趋势，为读者提供丰富的信息和深刻的启示，适合广大环境保护工作者、法律从业者以及对环境法感兴趣的读者阅读。

　　笔者在撰写本书过程中，虽力求严谨、全面，但由于环境法领域涉及广泛、发展迅速，书中难免存在疏漏和不足之处。恳请广大读者在阅读过程中不吝赐教，提出宝贵意见，以便作者在今后的研究中不断完善和提高。

目　录

第一章　环境与环境法 ………………………………………………… 1

　　第一节　环境及其法律意蕴 ………………………………………… 1

　　第二节　环境法的特征与分类 …………………………………… 13

　　第三节　环境法的属性及法律意蕴 ……………………………… 48

第二章　环境法下环境保护法的原则与制度 …………………… 58

　　第一节　保护优先原则与预防为主原则 ………………………… 58

　　第二节　公众参与原则与综合治理原则 ………………………… 64

　　第三节　环境监督管理制度与保护和改善环境制度 …………… 70

第三章　环境法下环境资源法的目的与责任 …………………… 83

　　第一节　环境资源法的性质与目的 ……………………………… 83

　　第二节　环境资源法的地位与作用 ……………………………… 86

　　第三节　环境资源法的基本原则与法律制度 …………………… 89

　　第四节　环境资源法的法律救济与法律责任 ………………… 115

第四章　环境法下环境污染防治法体系及方法 ……………… 139

　　第一节　环境污染防治法及其制度体系 ……………………… 139

　　第二节　大气污染防治方法与水污染防治方法 ……………… 145

　　第三节　海洋污染防治方法与固体废物防治方法 …………… 156

第五章 环境法下环境退化防治法的地位与制度 …………………… 169

第一节 环境退化防治法的目的与地位 ………………………… 169

第二节 环境退化防治法的特点与原则 ………………………… 172

第三节 环境退化防治的方法与基本制度 ……………………… 177

第六章 绿色理念下环境法的实践措施 ……………………………… 183

第一节 绿色理念下环境法的实施 ……………………………… 183

第二节 绿色理念下的环境立法实践 …………………………… 184

第三节 绿色理念下环境保护法的实施 ………………………… 185

参考文献 ………………………………………………………………… 187

第一章 环境与环境法

第一节 环境及其法律意蕴

一、环境的概念及组成

人类自从在地球上出现以后，为了生存与发展，与自然界进行了一系列艰苦卓绝的斗争。他们运用自己的智慧和劳动，不断地改造自然，创造和改善自己的生存条件。同时，又将经过改造和使用的自然物与各种废弃物归还给自然界，使之再次参与自然界物质循环和能量流动的过程。其中，有些成分与过程会引起资源与环境质量的下降。

随着人口的迅猛增长、经济的快速发展和科学技术的日新月异，人类改造自然的规模日益扩大，从自然中获取的资源逐渐增多，同时向环境中排放的污染物质也呈上升趋势，这导致了资源日益枯竭、环境逐渐退化以及自然界的生态平衡遭受严重破坏。大气、水、土壤等污染程度已达到惊人的地步。因此，环境保护成为全球各国在发展经济的同时所关注的重要工作。

(一) 环境的相关概念

环境是指周围的事物，当人们讲到周围事物时，必然会暗含一个中心事物。环境总是因中心事物的不同而不同，随中心事物的变化而变化，中心事物与周围环境之间通过信息、物质和能量进行联系与交换。对于环境科学来说，中心事物是人，环境主要是指人类的生存环境。环境是人类进行生产和生活活动的场所，是人类生存与发展的物质基础。它的含义可以概括为：作用于"人"这一中心客体的一切外界事物与力量的总和。这句话既包括了自然因素，也包括社会和经济因素。

1. 环境和自然资源

自然资源是指在一定的经济技术条件下，自然界中对人类有用的一切物质与能量，如，水资源、土壤资源、矿产资源、生物资源、地热资源、气候资源等。

（1）自然资源具有自然属性，即在自然界产生的物质或者能量，如原油、光照资源，此为自然资源的前提要素。

（2）自然资源具有资源属性，即对人具有经济价值，此为自然资源的核心要素。自然资源的定义同样以人类为中心，而且相比于环境，自然资源定义中的人类中心主义更加明显，即以人为衡量标准。某物是否为自然资源，并不完全取决于其自身的状况，而是在特定的时空条件下它对于人是否有价值。

（3）自然资源具有时空性。这里不是说自然资源的形成需要特定的时空条件，而是人们只有在特定的时空条件下，才会将某种物质或者能量作为自然资源，其中最重要的乃是技术条件。如，煤炭、石油等化石资源是目前人类最重要的自然资源之一，但在远古时代它就不是自然资源，因为人们尚未发现其价值，也缺乏大规模利用的技术条件。随着人类清洁能源开发利用技术进一步提高，以及化石能源的枯竭，石油、煤炭也将逐步退出作为能源的历史舞台。

自然资源与环境具有密切联系：①从外延上看，环境包括自然资源，即所有的自然资源都是环境要素，如水、土壤、生物等既是环境要素，又是自然资源。但并非所有的环境要素都是自然资源。空气是环境要素，一般不作为自然资源看待。②从功能上看，二者都是人类生存和发展必不可少的自然要素。一般认为，环境主要是作为人类的生存条件而存在，而自然资源主要是作为人类的发展条件而存在的。③从作用关系上看，环境对自然资源的形成和繁育具有制约作用，而自然资源开发也会影响环境。一方面，环境对自然资源的形成和繁育具有制约作用。如，煤炭、石油、天然气等化石能源的形成需要特定的自然生态环境。而对于水资源、土壤资源、生物资源等，其环境质量就会影响其资源性。另一方面，自然资源开发利用也会影响环境，如，开发水电资源，往往会改变原有的水环境和水生态。因此，对于大型水电开发项目，库区环境是需要认真对待的问题之一。再如，矿山资源开发，往往会导致周边土壤环境、水环境、自然生态等急剧恶化。

自然资源与环境也有明显区别。①定义角度不同。环境的定义着眼于其对人的影响性，而自然资源的定义着眼于其对人的有用性。虽然有用性也属于影响，但是环境所谓的影响要远远超越其有用性的方面。②属性不同。环境具有某种意义的绝对性，而自然资源则具有时空性和相对性。在历史上以及可见的未来，任何人都要饮水、呼吸新鲜空气、占据清洁空间，因此环境具有绝对性。在不同的时空条件下，某种自然物质或者能量是否具有资源性及其大小是不同的，因此自然资源具有时空性和相对性。③可恢复性不同。环境一般都具有自净能力，可恢复性较强。而自然资源中，非耗竭资源、可再生资源具有可恢复性，但不可再生资源一旦被消耗，就不可恢复，如化石能源。

环境与自然资源的关系，形成了两个关系密切但又有所区别的法律领域——环境法与自然资源法。一般认为，环境法与自然资源法是并立但有交叉的法律领域，交叉之处就是自然资源保护法。自然资源保护法既是自然资源法的一部分，也是环境法的重要内容。一种观点认为，既然自然资源属于环境，那么自然资源法也应当属于环境法，即环境法包括自然资源法。此观点不合理，有环境法沙文主义之嫌。自然资源开发利用的法律规范不属于环境法的范畴，虽然这类规范在前端会对自然资源保护产生十分重要的影响，如自然资源产权对自然资源保护的制约性。自然资源保护的法律规范才属于环境法的范畴，且自然资源法的诞生发展历史要远远早于环境法。

2. 环境和生态

生态是生态学的概念。所谓生态，是指生物的生存状态，以及它们之间及其与环境之间的关系。

生态系统是自然界的基本单位，指在一定的时间和空间内，生物与其生存环境，以及生物与生物之间相互作用，彼此通过物质循环、能量流动和信息交换形成的不可分割的自然整体。此定义解释如下：

（1）生态系统强调生物与生物、生物与生存环境之间的关系。生态系统包括生产者、消费者、分解者以及无机环境四部分。生产者指植物。消费者指动物；分解者是微生物；动植物死之后由分解者分解，回归无机环境。生产者生产需要依赖无机环境，所以无机环境也是生态系统的一部分。

（2）生产者、消费者、分解者以及无机环境四个要素之间通过物质循环、能量流动和信息交换发生联系。

（3）生态系统分为不同层级，有大有小。整个地球就是一个大的生态系统，一汪池塘、一片树林等则构成小的生态系统。生态系统各要素之间没有主从之分，就如同一部机器，每个零件都在发挥作用，任何一环出了问题机器就无法运转。其实人更像是生态系统这个大机器的一个零部件，不仅受到其他部件的影响，也影响其他部件。

生态系统中生产者、消费者、分解者、无机环境四部分相互作用，实现动态平衡。生态系统中不平衡是绝对的，平衡是相对的。生态系统的动态平衡具有自我调节能力。如，上级捕猎者过多，就会发生食物短缺，从而饿死一部分捕猎者，经过一段时间之后再次实现生态平衡。但如果超越其自我恢复的能力限度，就会导致生态系统严重失衡乃至于引发生态灾难。如，热带雨林锐减，除了影响二氧化碳的吸收引发温室效应之外，还会导致水土流失、生物多样性丧失等。之所以要保护生态，主要原因就在于生态系统中物物相关，人作为生态系统的一个要素，受到生态系统的其他要素的制约。人处在这个生态系统之中，生态系统不平衡就会对人产生影响。

国内对于环境与生态的关系，众说纷纭。有种属说、交叉说、等同说等。种属说又分为环境包括生态、生态包括环境。交叉说认为环境与生态是并立但有交叉的两个概念。等同说认为环境等于或者基本等于生态。在法律上，生态与环境在指称对象方面是基本重合的，只是视角不同。环境是以人为中心进行的定义，围绕着人并且影响人的称之为环境，人是环境的中心和判断标准，环境关注主体性。生态系统不以人为中心，人只是生态系统的一环，生态系统关注主体间性。主体性危机是现代性危机的核心，要克服主体性危机，必须需求主体间性。这是二者理念的区别，也是最重要的区别。因此，生态系统的要素和环境系统的要素虽然是重合的，在范围上并无大小之分，但定义角度和价值取向不同。

（二）环境的主要组成

环境是一个复杂而且庞大的体系，环境科学将环境分为生物环境、自然环境和社会环境。

1. 生物环境

从生物与其生存环境相互关系的角度出发，可以将影响生物生命活动并起直接作用的那些环境要素的总和称为生态环境。

光、热、水、空气、土壤等都是生态因素。各个生态因素并非孤立地、单独地对生物发生作用，而是综合在一起对生物产生影响。也就是说，生态环境是生物或其群体居住地段的所有生态因素的总体。由于各地区地理条件不同，从而形成了多种多样的生态环境类型，这也正是地球上生物种群多样化的主要原因之一。

各地区各种生态因素的变化幅度很大，每种生物所能适应的范围却有一定的限度。如果某个或某几个生态因素的质和量高于或低于生物所能忍受的限度，无论其他因素是否适合，都将影响生物的生长、发育和繁殖，甚至导致生物死亡。这样的生态因素称作限制因素。限制因素随时间、地点和生物种类的变化而有所不同。如，在干旱和半干旱地区，植物生存的限制因素是水分条件；在严重污染的水域，有毒的污染物常是水生生物存活的限制因素。因此，在研究生物与其生存环境的相互关系时，既要注意生态环境的综合作用，也要注意限制因素的单独作用。

2. 自然环境

所谓自然环境，具体指的是自然因素的总体。如果从环境要素来考虑，可再分为大气环境、水环境、土壤环境及生物环境等。自然环境是人类目前赖以生存、生活和生产所必需的自然条件和自然资源的总称；它在人类出现之前，已按照自己的运动规律经历了漫长的发展过程。自人类出现之后，自然环境就成为人类生存和发展的主要条件。人类不仅有目的地利用它，还在利用过程中不断影响和改造它。

自然环境按人类对其影响和改造的程度，又可分为原生自然环境和次生自然环境。

（1）原生自然环境，具体是指完全按照自然规律发展和演变的区域。这些区域，目前尚未受到人类影响，景观面貌基本上保持原始状态。

（2）次生自然环境，是指受人类发展活动影响，原来的面貌和环境功能发生了某些变化的区域。

随着人类经济和社会发展活动的范围和规模的扩大，自然界原生自然环境越来越小。当今，严格意义上的原生自然环境几乎不复存在。像两极大陆，虽然目前人类活动的直接影响还较小，但由于人类活动造成的"臭氧空洞"以及农药的大量施用，已经危及那里的生物。

3. 社会环境

社会环境是在自然环境的基础上，人类通过长期有意识的社会劳动，加工和改造自然物质、创造物质生产体系、积累物质文化等所形成的环境体系，既包括综合生产力、科学技术水平、人工构筑物、政治体制、社会行为、民族文化等，也包括物质和精神产品乃至人与人之间的关系。按环境功能一般把社会环境分为以下几种类别。

（1）聚落环境。聚落是指人类聚居的中心，活动的场所。聚落环境是人类有目的、有计划地利用和改造自然环境而创造出来的生存环境，是与人类的生产和生活关系最密切、最直接的工作和生活环境。

（2）地理环境。地理环境位于地球表层，处于岩石圈、水圈、大气圈、土壤圈和生物圈相互制约、相互渗透、相互转化的交锋地带，它下起岩石圈的表层，上至大气圈下部的对流层顶，包括全部的土壤圈。概括地说，地理环境是由岩石、地貌、土壤、水、气候、生物等自然要素构成的自然综合体，即同人类社会直接有关的地球自然环境部分。

地理环境是人类社会赖以生存和发展的必要的物质条件，是人们活动的场所，它为社会生活提供必要的物质和能量资源。地理环境和人类社会是相互作用的，人类依赖于地理环境，同时又能动地改造它。随着社会生产力的提高以及人类征服自然的广度和深度的扩大，地理环境的面貌也在不断地发生改变，地理环境条件的优劣能够加速或延缓社会的发展。因此，要保护好地理环境，就要因地制宜地进行国土规划、区域资源合理配置、结构与功能优化等。

（3）地质环境。地质环境主要指地表以下的坚硬地壳层，也就是岩石圈部分。它是由岩石及其风化产物——浮土两个部分组成，岩石是地球表面的固体部分，浮土是包括土壤和岩石碎屑组成的松散覆盖层。实质上，地理环境是在地质环境的基础上，在星际环境的影响下发生和发展起来的，在地理环境、地质环境和星际环境之间，不断地进行着物质和能量的交换和循环。

（4）宇宙环境。宇宙环境又称为星际环境，是指地球大气圈以外的宇宙空间环境，由广漠的空间、各种天体、弥漫物质以及各类飞行器组成，它是在人类活动进入地球邻近的天体和大气层以外的空间的过程中提出的概念，是人类生存环境的最外层部分。

二、环境及环境法的分类

环境的概念是环境法的逻辑起点，环境法中的环境概念并非是对环境科学中环境概念的简单移植，而是着重从环境的法律意蕴予以剖析。

(一) 环境的分类

知识源于分类，根据不同的标准，可以将环境做不同的分类。

1. 环境要素分类

根据组成环境要素的形态不同，可以将环境分为若干环境要素。环境具有整体性，空气、水、土壤、生物都相互关联，不能孤立看待。但人们在研究环境之时，则有必要将环境分为若干要素，诸如，大气环境、水环境、土壤环境、生物环境、声环境、辐射环境。最基本的是大气环境、水环境、土壤环境。因为其他环境要素都寓于上述三个环境要素。

环境要素的划分乃是环境法对环境的基本分类，具有非常重要的法律意义。保护和改善环境，必须实现既从部分到整体，又从整体到部分。环境法需要从各环境要素入手实施保护，如，污染防治法包括水污染防治法、土壤污染防治法、大气污染防治法、噪声污染防治法、放射性污染防治法等。

2. 自然环境和社会环境

根据形成原因不同，可以将环境分为自然环境和社会环境。自然环境是指先于人而天然存在的物质性环境，如，大气、水、土壤、动植物环境。这些物质是天然存在的，人尚未存在时，这些自然环境便已存在。社会环境是人对自然进行改造而产生的环境，如，乡村、城市、水库、公园、名胜古迹等，它是人对自然进行有意识改造的结果。自然环境在时间上先于人而存在，社会环境是后于人而存在的。自然环境和社会环境的区分并不意味着自然环境没有人力影响的因素。自然环境和人为环境的区分并不是绝对的，自然环境经过人工改造的程度过大，人力成为该环境状态的主要作用因素时，便成为社会环境。

自然环境和社会环境分类的主要法律意义在于：①自然环境的物质要

素是社会环境的基础，因此对自然环境的保护在法律上更加具有基础性；②自然环境由于具有天然性，往往强调封存式保护，环境质量标准发挥了重要作用。而社会环境乃是人力改造的结果，往往需要根据人的生存发展需求做有针对性的保护，更加强调污染排放标准。

3. 生活环境和生态环境

根据与人的关系不同，可以将环境分为生活环境和生态环境。这种分类与自然环境和社会环境的区分有一定联系。所谓生活环境就是与人的生产、生活直接相关的环境，社会环境一般都属于生活环境，大部分的自然环境也属于生活环境。生态环境则是指没有受到人类影响，或者受人类影响很小并且对人的影响也很小的环境，如荒野、冰原、极地等。生态环境局限于自然环境。将环境分为生活环境和生态环境存在逻辑错误且意义不大，因为无论生活环境还是生态环境都会对人有影响，都应当保护，建议取消这种分类。

随着科学技术的进步和人们观念的变化，环境的外延也在不断地发展。当人们还没有认识到放射性物质时，不可能有辐射环境的观念。再如，人们没有认识到气候变化问题时，排放温室气体就不是污染。

（二）环境法内环境的分类

1. 语言学上的环境

语言学对环境的定义有三个要素：一是围绕；二是中心事物；三是周围事物。语言学的环境，其可指称的范围非常广泛，自然环境、社会环境甚至非人类环境等，都符合上述界定。

2. 环境科学上的环境

环境科学是研究人类社会发展活动与环境演化规律之间相互作用关系的学科。在环境科学上，环境是指围绕着人群的空间及其中可以直接和间接影响人类发展的各种自然因素和社会因素的总和。该定义包含如下要素：

（1）其中心事物是人，语言学上的环境并无此要求。环境科学上的环境仅指围绕着人群的周围的环境。

（2）周围事物对人产生影响，该影响既包括直接影响，也包括间接影响。

（3）物质性，环境科学上的环境具有物质性，即其所指的环境乃是具有物质载体的自然因素和社会因素。自然因素包括大气、水、土壤、生物、噪声、辐射环境等。社会因素包括但不限于城市、乡村等。

3. 法律上的环境

法律或者法学对环境的界定，乃是在语言学的环境、环境科学的环境的基础上的界定或者限缩，并非法律对环境的定义。环境法对环境的界定，乃是基于法的功能以及环境问题的法律调整需求，对语言学上的环境、环境科学上的环境作出的必要限缩。环境法上的环境比环境科学上的环境的外延要小。

法律对环境的界定是以法律规范的形式所做的界定。纵观世界环境立法，对环境的法律界定主要有以下三种方式。

（1）概括式界定，即通过下定义的方式，以"属＋种差"方式指出环境的本质特征，界定环境的内涵。相互联系并影响生态平衡与生活质量、人体健康、历史文化遗产，以及自然风光和人类基因元素与要素的综合体。可以看出，该界定指出了环境的本质特征——联系并且影响生态平衡的综合体。概括式界定的优点是简明，不足之处是较为抽象，适用难度大，解释空间大。

（2）列举式界定，即通过列举的方式，指出环境的外延。如，环境是由下面媒介的全部或者部分组成的，即空气、水、土地，空气包括室内空气、地上、地下、建筑物内的空气。列举式界定的优点在于明确具体、操作性强。列举式界定的不足在于所有的列举都是有限列举，必然存在"挂一漏万"的问题。一旦出现不属于被列举事项的范围，而在学理或者法律原则上应当予以纳入的事项，则会出现法律适用困难或者裁判结果的不正义。

（3）概括加列举式界定，既以"属＋种差"的方式揭示环境的内涵，又以列举的方式展示环境的外延。如，本法所称环境，是指影响人类生存和发展的各种天然的和经过人工改造的自然因素的总体，包括大气、水、海洋、土地、矿藏、森林、草原、湿地、野生生物、自然遗迹、人文遗迹、自然保护区、风景名胜区、城市和乡村等。概括加列举的方式是上述两种方式的综合，既有利于法律适用，也保持了概念的开放性。

三、环境特点及其关系

(一) 环境法上的环境特点

第一，环境的物质性。环境法上的环境乃是具有自然物质载体的环境，纯粹的人为环境不属于该范畴。

第二，人类中心性。环境法上的环境指围绕人的周围事物，人是中心。这也根本决定了环境法不可能完全抛弃人类中心主义。

第三，环境的影响性。"环境"一词本身就表明以人为中心和对人的影响性。

第四，环境的公共性。通过法律确认了环境的公共性，并通过特别的法律规则对于公众利用环境资源的权利予以特别的保护。环境法关注公共环境，完全的私人环境一般不属于环境法上的环境，如居民的住宅等。公共性既是环境的重要特征，也是环境法的调整区别于私法的重要基础。

(二) 人与环境的辩证统一关系

"人类要转变思维模式，保持人与自然和谐相处，促进环境与资源、社会持续、稳定发展以及人的全面发展。"①

1. 环境对人的决定性关系

环境与人的关系首先表现在环境对人的决定性，而不是人对环境的影响性。人须臾也不可能离开环境，但环境可以独立于人而存在。环境不仅先于人而存在，而且即使人类灭绝，环境依然继续存在。因此，人与环境的相互关系，首先是环境对人的决定性。环境对人的制约作用如下：

(1) 人产生于环境，是环境的一部分。

(2) 环境为人的生存和发展提供空间、资源和美的享受。因此，环境提供生态服务功能，可分析为以下四方面价值。

第一，环境为人提供生存所必需的空间。人生存在地球上，须有容身之地，需要占据一定的空间——该空间不仅指土地表面的一定平面面积，而

---

① 李青梅. 试论自然环境对人类社会发展的作用 [J]. 湖北第二师范学院学报，2012，29(7)：42-44.

且是一个立体空间。该空间伴随着人的活动而移动。该空间在民法上表现为住宅。在环境法上表现为占据一定的物理空间，无论该空间的大小以及是否排他地属于该自然人。

地球所能提供的生存空间是有限的，因为地球的地表面积是固定的，土壤、水、大气等生存资源也是有限的。人的生存空间受两个因素的影响：①地表环境，人的生存空间质量与地表土壤、水、大气质量成正比。环境污染或者破坏会造成人的生存空间减少或质量下降。②人口。人的生存空间与人口数量和分布密度成反比。人口数量越多，人口密度越大，可能会使人的生存空间遭到挤压。

环境为人提供生存空间，以前此功能没有引起广泛关注。而空间恰恰是人生存的前提，它决定了环境法与人口控制法、国土整治法等的密切关系。

第二，环境为人提供生存所必需的物质资料。人需要水、空气等生存资源，环境提供的这些生存资源，一般都是免费的。因此，获取清洁的水、呼吸洁净的空气，是人的生存权。

第三，环境是人的发展所必需的物质资料。人不仅要生存，还要生存得好，这就是发展问题。环境为人的发展提供了动植物、矿产资源等物质资料。这些物质资料，虽然是环境无偿提供的，但个人获取往往是需要付费的。因为上述物质资料往往都被政府垄断或为私人所有。

第四，环境还为人提供精神愉悦的材料。前三个方面表达环境的经济价值。人的本质并非肉体的存在，而是精神的存在。人类从环境中得到美的享受，为人的思考提供自然素材等，因此环境不仅具有经济价值，还具有美学价值、伦理价值、教育价值等。

（3）环境容纳和消解人在生存和发展中产生的废弃物质和能量。人不仅从环境获得有用的空间、资源和美的享受，而且环境还容纳和消解人在生存和发展中产生的废弃物质和能量。人类从环境获取生存和发展的物质资料，经过利用后必然产生残余的废弃物质或者能量，这些物质或者能量并不能贮存于人体，而是被弃之于环境，环境以其环境容量和自净功能，容纳和消解废弃物质或能量。

当然，环境对废弃物质和能量的容量是有限的，环境的自我修复功能发挥是有一定条件的，简言之，就是污染物质和能量的排放不能超过环境的自净功能范围。否则就会导致环境质量下降，进而损害环境本身和生存于环境之中的人、财产、动植物等。

2. 人对环境的影响性关系

人类对环境具有影响性。一方面，人类开发利用生存和发展资源，在此过程中必然会对这些资源的数量、质量产生影响，如化石能源逐渐枯竭、矿山环境恶化、大城市病等；另一方面，人类向环境排污如果不加节制，超过环境容量或者是超过环境自净能力，就容易导致环境污染和生态破坏。

根据人类活动对环境的影响产生的结果不同分为积极影响和消极影响。

积极影响就是尊重环境规律，有节制地开发利用，保护环境乃至提升环境质量。包括以下两类：①有节制地开发利用自然资源，维护自然生态平衡；②在环境自净能力范围内排污。

消极影响则是违背环境规律不按环境规律办事，使环境恶化，也包括以下两类：①无节制地掠夺自然资源；②违反环境规律，超浓度、超总量地向环境排放污染物，导致环境状况恶化。

产生这两种不同影响的客观原因在于，人类对环境的影响能力具有历史性、时间性，人类对社会的影响能力随着社会生产力和科学技术及认知水平的提高而提高。而根本原因在于，人类的行为是否尊重自然规律，是否有节制。

3. 人与环境的关系链条

被影响的环境，再作用于人，如恶劣的环境会导致人体死亡、疾病。而后，人在认识到环境对人的决定和人对环境的影响性后，保护和改善环境，防治环境污染和环境破坏，从而再次对环境造成影响。因此，环境与人类之间呈现如下关系链。

（1）环境提供人类生存和发展的空间、资源，人类向环境排污，人是从环境中产生的。

（2）人类对环境的影响伴随着生产力和科技的提高不断增强。

（3）被影响的环境反过来又对人类造成影响。

人和环境是对立统一的关系，只不过特定时期表现有所不同。环境法的产生与发展也可以看作人与环境关系的产物。

第二节　环境法的特征与分类

一、环境法的特征

(一) 合宪性

环境法在法律大家庭中属于年轻学科，法律的正当性，可从形式正当性和实质正当性两方面论证：一是形式正当性，即在法律体系中的合法性；二是实质正当性，则从法律之外获得。在法律体系中，宪法具有最高法律效力，其他法律从宪法获得合法性。

"环境民法中以私法手段实现公共利益的新生制度、环境行政法中特殊的规制工具、环境政策中涉及公民实体的权利义务且经过实践检验的手段性政策可纳入环境法典。"[①]

1. 世界环境宪法

(1) 环境保护入宪的原因。

第一，环境问题和环境保护已成为国家和社会的基本问题。宪法具有特殊性，其关注社会的基本问题，规定国家的基本制度。至于哪些属于国家和社会的基本制度和基本问题，并非是一成不变的。事物是矛盾的，原来的主要矛盾解决之后，次要矛盾就上升为主要矛盾。在社会的某一时期，温饱问题可能是社会的基本问题，经过一段时间的发展之后，温饱问题解决了，人的生活质量就可能成为社会的基本问题。

环境问题正是如此，在社会不发达、环境污染和生态破坏并不严重的情况下，环境问题不是社会的基本问题。然而，随着经济的迅猛发展和科技的不断进步，人们改造自然和社会的能力得到了极大的提升。但是，与此同时，环境污染和生态破坏问题也越发严重，对人们的生存环境和生活质量造成了严重影响。在这样的背景下，环境问题逐渐浮出水面，成为社会各界关注的焦点，环境保护也因此上升为社会的基本问题。宪法作为最高位阶的法律对环境保护加以规定，凸显了环境保护在社会生活中的重要性。

---

① 胡静，汤宇仲.环境法广义法源与环境法典的适配性研究[J].湖北社会科学，2022(10)：124-136.

第二，环境保护的法律规制涉及国家权力分配和社会生活方式的根本变革。随着治理环境经验的积累，人们越来越认识到，环境保护不仅仅是在法律中规定几条禁限措施和管理手段的问题，谈到环境保护，将直接面临国家管理环境事务的职权问题，而公权力的行使必须有法律依据，宪法最基本职责是国家的权力分配，在宪法中规定国家的环境保护职权是必要的。单纯治理污染不足以从根本上保护环境，实现环境保护工作质变的根本是改变传统不可持续的生产模式，推进社会生活的绿色革命，而社会生产和生活方式的变革将是全方位的和深层次的。环境保护单行法的重点内容是防治环境污染的具体措施，对于深层次和全方位的变革则显得力不从心。进而，这些内容则应当由在法律体系中处于更深层次和更基础位置的宪法来规定。

第三，政府提供良好环境公共产品职能的宪法定位。环境保护之所以上升到宪法层面，也即环境宪法规范之所以出现，表面上是由于环境保护越来越重要，根本上则是：①消极行政向积极行政的转变，也即政府职能从自由资本主义时代的"守夜人"角色转变为现代"基本福利提供者"的角色，政府不仅需要维护社会治安、提供司法等纠纷解决服务，还需要维护社会基本的公平正义，提供基本公共福利。②随着环境问题越来越突出，良好的环境不仅对每个人的生存至关重要，还直接关系到社会的和谐稳定与国家的长远发展。在法律上，良好的环境就被认为是基本公共福利或者公共产品。③要实现良好的公共环境，政府的环境保护行政执法仍然不够，行政机关不仅需要执行环境法律，还需要负责提供良好的环境公共产品，政府的环境保护职责不仅仅是行为责任，更是结果责任。

国家、政府提供良好的环境公共产品职责应当由宪法规定。因为这是涉及国家、政府的基本职责的重要事项，由其他法律（包括行政法）规定是不符合其性质的。环境宪法规范是确立了国家、政府的环境保护职责，无论其表现形式为何。法律是行为规范，是规范表述而不是事实陈述。我国宪法的上述规定乍看上去像陈述式表述，但法律应当是规范式的，因此，它应当理解为"国家应当保护生活环境和生态环境，防治污染和其他公害"。

（2）环境宪法的社会特征。

第一，环境保护入宪具有明显的时间特征。虽然环境问题很早就出现了，考察环境法历史时也可能会延伸到奴隶制社会，但是环境宪法直到

20 世纪 60 年代以后才出现。

第二，环境宪法具有较典型的地缘特征。实际上，世界上主要法系的形成和划分在很大程度上与地缘有密切联系。

第三，经济社会进步、民主程度提高、环境问题突出是发展中国家环境保护入宪的基础。

2. 环境宪法的主要内容

宪法有关环境保护规定的表述纷繁复杂，在编排体系以及环境保护主体、保护内容、保护方式等诸多方面均有所不同。从大的方面来看，宪法环境保护条款大致可以分为两大类型：一是环境基本人权条款；二是环境基本国策条款。宪法环境保护条款有四种类型，还包括公民环境义务条款，同时，有的宪法除了规定实体性环境权，还有关于环境知情权、参与权或救济权等环境程序性权利的规定。环境宪法的四大核心内容：环境的宪法宣告、国家环境保护职责、人的环境权利、人的环境保护义务。

（1）环境的宪法宣告。环境的宪法宣告是指宪法对环境价值或者环境保护的国家政策作出宣告。环境的宪法宣告主要有两种表现形式：①宪法将环境作为人类的基本价值之一，将其与生命、自由等传统基本价值并列；②宪法将环境保护作为国家的基本政策。这两种表现方式的重要区别在于前者是环境，后者是环境保护。

环境的宪法宣告之检讨。环境的宪法宣告将环境保护确立为国家基本政策，甚至将其作为国家的基本价值。环境的宪法宣告，在理念上将环境和环境保护提升到了最高的位置，并在宪法中予以确认。

第一，环境的宪法宣告的必要性。环境的宪法宣告作为全部环境宪法的起点，为宪法下文的其他环境保护条款提供了合理性和必要性论证。也正是由于环境的宪法宣告条款，使得整个环境宪法趋于崇高。

第二，环境的宪法宣告应当辅以宪法其他环境保护条款。既然在宪法文本中以宣告的形式对环境作出规定，若不辅以其他环境保护条文的话，则未免泛化空洞，容易被束之高阁。所以，宪法在规定环境的宣告之后，还应当配以其他环境保护宪法条款，或者以国家的环境保护责任，抑或以公民的环境权利义务等。

第三，环境的宪法宣告也可以寓于其他国家政策。未必非要在宪法中规定环境价值或者国家环境保护政策，环境保护的宪法宣告也可以寓于其他国家政策。但是，寓于其他政策的环境保护宣言应当能够体现环境的宪法宣告的基本内容。

（2）国家的环境保护职责。国家的环境保护职责，是指内容为国家对于环境保护负有责任，国家应当采取措施保证良好的环境的宪法规范。环境保护是一项需要大量人力、物力和财力投入的工程，虽然它离不开社会和公民的参与，但不能否认将环境保护工作纳入政府的工作范围，能够使得环境保护工作更加持久和高效地进行。在现代社会，离开国家对环境的管理，环境保护工作将会寸步难移。因此，不难理解国家的环境保护职责条款在当今世界的环境宪法立法中是最常见的内容。

第一，国家环境保护职责的分配模式。由于职责职权的一体性，国家环境保护职责也是国家环境保护职权。凡是职权都有归属问题。在环境保护职权的归属上，宪法主要有以下几种方式。

①笼统规定国家有环境保护的职责。多数国家环境保护职责条款都只是笼统规定：国家应当保护环境，或者说国家应当保障公民在健康的环境中生活的权利，而不将这种职责（职权）做具体分配。之所以笼统规定居多，是因为环境保护涉及社会生活的方方面面。它既需要全国统筹，又需要发挥地方的积极性；既需要完善的环境立法，又需要高效的执法和公正的司法；既需要专门的环境执法部门监管，又需要其他相关部门的配合。因此，不必对其进行具体划分。

②宪法将环境保护确定为中央或者地方的职责范围。权力分立和制衡主要包括两种形式，一种是横向的立法、执法、司法的分权制约；另一种则是纵向的中央和地方的分权制约。环境保护职权的分配，一般是将其归化到中央还是地方的问题，较少在立法、执法和司法之间划分。之所以如此，乃是由于环境保护不能局限于立法、执法和司法之中的任何一种，需要三者密切配合。在中央和地方之间，有些环境保护事项是可以做一定划分的。

第二，国家环境保护职责的规范模式。环境保护国家职权条款既是环境宪法最常见的形式，也是我国所采用的方式。国家环境保护职责的三对范畴：

①附目的式和不附目的式。以国家进行环境保护是否出于一定目的为

标准，国家环境保护职责可分为附目的和不附目的两种形式。附目的的国家环境保护职责，是指宪法中规定国家保护环境，是基于一定目的。一般而言，这种目的在于人的生命、身体和健康，或者在于人的环境权利，或者在于社会公共利益等。

附带目的式和不附带目的式两种样态，其各自之间的长短相互彰显。附带目的式的表述比较具有说服力，其出于人的利益考虑的视角也容易获得支持。其短处在于，人的利益是环境保护的最终目的，容易忽视环境本身的价值，从而变成为了人的最大利益也可以牺牲环境的理由。由于法律必须有其本身的说服力，或者说法律必须以其正当性为其要求，特别是公权力行使行为。宪法规定国家应当保护环境，在另一个层面上讲就是宪法赋予国家以环境保护管理的权限，因而更需要说明理由。附目的式的国家环境职权条款，其目的即可解释为国家环境保护职权的正当性来源。若不附目的，则丧失了此功能。

②普遍保护和特殊保护。以国家保护环境的对象是否具有普遍性为依据，可以将国家环境保护职责分为普遍保护和特殊保护两种形式。普遍保护式就是宪法中规定，国家要对环境整体负责，而没有强调甚至局限于某一种或者几种环境要素。

与普遍保护相对应的是特殊保护，特殊保护又呈现两种样态：其一是在规定国家对环境整体负责的前提下，又特别强调对一种或者几种环境要素的保护；其二是没有规定国家对环境整体的保护，只是强调了对个别环境要素的保护。

当前，环境保护已经不仅仅是一个权宜之计的问题，它需要国家对其予以充分而持久的保障，宪法对国家环境保护职责的确认，绝对不能仅仅停留于对个别环境要素的保护上。因此，环境保护的国家职责以普遍保护式为最优选择，也可采取普遍保护前提下特别保护的方式，不应只对特定环境要素进行保护。

③正面保护和反面防损。以国家职责的内容是保护环境还是防止环境受损为标准，可以将国家环境保护职责分为正面保护和反面防损两种形式。正面保护分为保护和促进两个层次，促进是更高层次的要求。反面防损是指国家的职责是确保环境不受到损害，或者是从反面维护环境质量不下降。

正面保护式和反面防损式两种样态绝非仅文字表述之差异，更显示了国家环境保护的力度和决心。反面防损式表达的国家职责在于防止环境损害，也即保证现有水平。它为国家设置的环境保护任务的标准过低，因此不如正面保护式。正面保护式又以促进的表述方式更加积极，它对国家提出的要求更高、更严格。

环境宪法立法的整体态势是正面保护占多数，其原因是当前世界上大多数国家的环境质量状况并不乐观，国家所要做的不仅仅是维持现状，而应进一步改善环境质量。当然，有些国家的环境宪法立法较早，当时的环境状况可能并不像现在这样恶劣，也是可以理解的。本着与时俱进的态度，在修改环境宪法条文时，除非环境仍然保持得很好，否则采取正面保护式更为合理。

（3）人的环境权利。个人的基本权利与义务是宪法的最主要内容之一。人的环境权利是环境宪法的重要内容之一，它是指规定在宪法中的与环境有关的人权利，也就是宪法对人的环境相关权利的确认。法律是世俗化的，以人的权利和利益的维护为基本任务，所以人的环境权利条款屡见不鲜，并且随着权利本位深入人心还有进一步扩大的趋势。

第一，人的环境权利的类型。

①私法性权利。私法性权利是指宪法从传统私法上的生命健康权和财产权的保护出发，确认保护环境的必要。在私法性权利项下以人的生命健康权居多，包括生命权、身体权和健康权。人生活于环境之中，其生命财产直接受到环境的影响，环境污染将会导致人的健康受害乃至生命危险，因而，保护环境立法的历程多以对人的生命健康保护为起点。

当然，生命、身体和健康在各国宪法文本具体所使用的词语是不同的，其内容也并非全部包括上述三项，也可能仅仅包括其中一种（如健康）或者两种（如生命和健康）。将环境保护作为实现生命健康的手段，可能会与如劳工保障、社会保障等事项一起规定。

在私法性权利的模式之下，对环境的保护只是维护私权利的手段，其只看到了环境在维系人生存方面的价值，没有看到环境的其他价值，更不用说环境的自在价值了，因此，极端功利主义立场暴露无遗。从生态整体主义的视角来看，私法性权利模式是不足取的。

②环境权。宪法上所谓的环境权，是宪法规定的人对环境享有的权利，它不是一项纯粹性的权利，而是一组权利束，作为权利束之统帅的，是人生活在健康的环境中的权利。

第二，人的环境权的内容。环境权既是人们热烈讨论的话题，也是环境宪法的常见条款，还是世界上环境宪法立法的趋势所在。很多宪法在规定了人在健康的环境中生活的权利之后，经常随之出现的权利种类有环境求偿权和环境知情权。

①生活在健康的环境中的权利。生活在健康的环境中的权利是环境权的统帅。对于健康环境的理解有以下两种：其一是环境符合有益于人类健康的要求。也就是说，健康标准是人，符合人生存于其间并保障人的生命和健康的环境。当然，也有的国家提出的此类健康环境标准比人的生命和健康更高一些，例如，舒适、精神愉悦等。无论如何，此种环境健康是指人的健康。其二是环境本身的健康。此种健康并不把人作为考察环境健康的尺度，而是将生态作为一个整体，考察该生态系统的状态。此类环境健康标准更加符合当代环境伦理的要求，只是要求比较高。

②环境求偿权。环境求偿权与"生活在健康的环境中的权利"互为表里，相互补充和强化。环境求偿权是环境权的必要内容。

③环境知情权。知情权是现代民主政治的重要成果，环境法的基本制度之一是公众参与，而知情权则是公众参与环境保护的基本内涵。环境知情权是指人有知悉环境信息的权利。

(二) 合需求性

1. 环境问题的应对法

法律变革应对环境问题的变革分为两个阶段。第一阶段是传统法律对环境问题的应对。一是民法的应对。如，在对环境问题的应对上，规定不动产相邻关系权利人之间在采光、通风、排水、汲水等方面应当协作、给予必要便利和保持克制。二是行政法的应对，通过规定一些强制性的审查、处罚措施，避免和减轻污染危害。第二阶段是随着环境问题日益复杂严重，社会关系的变化更加剧烈，传统法律的部分变革难以满足人们对于环境问题应对的法律需求，由此产生的许多新规则和新法律。当规则和法律越来越多、体系越来越庞大、制度越来越不同于传统法律时，环境法便作为相对独立的法律领域诞生了。

（1）环境问题的应对需要法。环境问题日益严峻，环境危机成为全人类共同面临的迫切危机是论述该问题的起点和基础。当今世界环境危机包括环境污染和生态破坏，环境危机呈现全球化、综合化、高技术化和极限化等特征。环境危机的原因复杂，并呈现多面性，归结起来主要有以下三方面：其一是对生态基本规律的认识不足以及人口压力；其二是技术滥用与传统生存方式的缺陷；其三是自由经济制度以及政府行为失范等。虽然环境问题属于事实的范畴，但是脱离事实基础，便难以解释当代法律理念和制度所发生的变化。只有当那些变得愤怒的理想主义者政治性地行动起来，试图改变旧的制度并鼓励建立新的制度时，才能拯救环境。法在社会治理中的优势，是具有悠久历史的理论话题。正是法所具有的优势，使得环境问题的预防和应对需要法律的介入。法相对于道德、技术、经济、政治等社会治理方式的优势，可以从形式与本质两个角度来讨论。

第一，法具有保障性。所谓法的保障性，是指法作为一种具有国家强制性的规则，能够通过国家机器确保其得以实现，从而使得法的内容得到保障。而法的内容则体现了社会的需求和政治权力的意志。预防和应对环境问题，有科技、经济、行政、政治等诸多措施，但这些措施如果没有法律予以保障，它们就不一定能得到执行。法律之所以具有保障功能，源于法的国家性、权威性、强制性、规范性等。

第二，法具有稳定性。相比于政策，法具有稳定性，即法的原则和规则一经确定，便不会或者不宜频繁修改。法的稳定性与政治、政权的稳定性是互为因果的。政治和政权的稳定是法的稳定性的前提，而法的稳定性则为政治、政权稳定提供保障。法的稳定性使得人们能够对法产生信赖，从而为国家和社会治理提供可依赖的规则。稳定性也是法的权威性的重要前提，频繁废止、修改的法律，其权威性无疑会下降。因此，在环境治理中产生的、行之有效的社会规则，经由法律确认，就会形成稳定的规则，从而发挥出环境治理的长效性功能。

第三，法具有明确性。法是行为规范，更是裁判规则，唯有明确才能为人们的行为提供指引，才能具有预测性，也唯有明确才能限制法官的自由裁量权。法的明确性必然要求法的繁复性，也造成了法律的僵化，但这些成本是必须要付出的。法的明确性尤其相对道德等而言，最大优势在于避免了权力者的任意解释权。

第四，法具有民主性。法的制定和执行，虽然以国家强制力为后盾，但本质上却需要得到社会的普遍认同。法的规则与道德规则同源，都是来自社会成员们的认可、同意。国家意志、统治阶级的意志是对法律规制的产生、发展、适用发生积极或消极影响的重要因素，但它们充其量像空气的阻力对上抛物体的运动轨迹所起的扰动作用一样，它们对法律规则的产生、发展、适用起不了本源性、决定性的作用。法作为社会自我控制的信息手段，主要依赖社会成员的自觉遵守。法要得到社会的拥护，根本上是要秉持正义的立场。唯有持公众之心，法方可行万里之路。法律通过独有的权利、义务、责任、制裁以及权力、职责等机制，以基本价值认同为出发点，规范相关主体的行为，从而保护和改善环境。

从实质而言，法的本质属性是对权力的规范和制约。不可否认，法尤其是实在法都具有政治统治、社会治理、权力制约三种功能。但是权力制约仍然是法的最本质功能，否则法便失去了其精神脊梁，沦为统治的工具。

对于环境问题的治理，便产生了对法的最强烈需求，也是法相对于其他社会治理机制的最大优势——对权力的规范和制约。法对权力的规范和制约，暂从公法、私法、社会法三个角度来剖析。公法是直接从公权力的取得、组织方式、运行机制、程序、责任等角度对权力予以直接规范和制约，而私法则是从保障私权利、抵御公权力入侵的角度，对公权力予以间接的规范和制约。

（2）部门法应对环境问题。环境危机的复杂性、原因的多面性，决定了人类应对环境危机必须从科技、政策、法律、文化教育等多方面着手。不仅如此，单就法律这一个层面而言，环境危机仅依赖行政法是远远不够的。法律应对环境危机必须系统地考虑，破除部门法的调整对象之成见。

现代社会部门法体系日益繁杂，涌现了诸如经济法、环境法、劳动法、社会保障法等新兴的法律部门。这种条块分割的部门法体系，很容易给人这样一种错觉：不同的部门法负担不同的任务，环境保护自有环境法来处理和应对，其他部门法不应当僭越其领域，不必也不能承担环境保护职能。面对这样的质疑，也即民法、刑法、行政法等是否有必要承担环境保护职能的问题，不仅仅是环境法，包括民法、刑法、行政法、宪法、诉讼法、国际法等在内的法律整体应当承担环境保护职能，这是现代社会发展的必然要求，也是法律贯彻可持续发展理念、解决环境危机的必然选择。

可持续发展理念及法律功能的变革。法律是社会的产物，其应当反映社会生活的客观需求。随着第三次科技革命广泛、深入地开展，社会经历了并还在经历生产力和生产关系、经济基础和上层建筑等多层次的变革，人们认识和改造世界的能力有了翻天覆地的变化，接踵而至的是人们征服自然的欲望越来越强烈以及环境危机的日益严峻。

传统的以牺牲环境和生态为代价换取经济畸形增长的发展模式，不仅损害了当代人的生存条件，而且也会威胁到后代人发展的能力。

可持续发展一经提出，便在全球如雨后春笋般开花结果，成为全人类共同接受的发展模式。可持续发展理念可谓应运而生，它是人类面对环境危机的必然选择，是在比较多种发展模式之优劣的基础上提出的，是考虑人与自然和谐、考虑代际公平的必然结果。可持续发展是一场深刻的社会变革，它推动了传统消费方式、传统生产方式和传统文化价值观念等方面的重大转变，可持续发展需要法律保障，法律也应回应可持续发展的要求而变革。可持续发展贯穿于当代人类社会生活，其作为时代主旋律，法律也应当贯彻其精神，注入可持续发展的理念，不仅环境法应当如此，整个法律体系都应当这样。

第三法域，是指包括劳动法、社会保障法、环境法等既包含传统私法的内容又包括传统公法的内容的法律门类，这些新型的法律门类，也使得传统的六法体系——宪法、民法、商法、刑法、民事诉讼法和刑事诉讼法部分解体，诸如，经济法、环境法、劳动与社会保障法等非传统法得以跻身部门法体系。以调整对象为标准的分割法律体系为部门法的处理方式，在简单社会生活条件下或许可行，但是当代社会节奏越来越快，社会生活越发复杂，一个纠纷可能涉及众多的法律部门，墨守部门法的纯粹性和绝对性，部门法积极调整以应对环境问题，是法律应对环境危机的必由之路。由是也诞生了具有综合性的环境法。因此，不能把环境法理解为环境行政法。

环境法调整环境法律关系主要采取行政手段，行政手段应对环境问题有利有弊。利在于行政反应迅速，手段有力，可能会有立竿见影之效果；其弊在于行政手段的命令式管理本身对相对人缺乏激励机制，相对人很难将环境保护变为其自主意识。这种缺陷可谓环境法之先天不足，须以民事机制以私益激励弥补。民法通过设定私权、设计交易机制来激励私人自主地保护环境，例如，设置科学的自然资源权属和流转制度，通过对自然资源的使用价值和交换价值的权利化保护使其自然资源的永续利用不被破坏，其效果是行政手段所难以实现的。除此之外，宪法机制、诉讼法机制等也是必不可少的。

2.民法对环境问题的应对法

民法是调整平等主体的财产关系和人身关系的法律规范的总称。民法之中不仅关于自然资源开发利用的条款属于环境相关条款，而且民法中本身就有很多条款发挥着预防和应对环境问题的功能。随着现代环境危机的发生，民法也积极调整其原则、规则和概念，以应对环境问题。

（1）传统民法应对环境问题的机制。民法应对环境问题的机制主要是侵权（主要是环境侵权）、物权（包括所有权机制、不动产相邻关系、物的使用限制等）、合同（主要是委托治理合同）等。

第一，侵权。民法在应对环境问题最常用的机制便是侵权。侵权行为在环境问题上的应用主要是环境污染侵权，即行为人向环境排放污染物质或者能量，导致他人人身损害或者财产损失的，应当承担侵权责任。生态破坏侵权也属于侵权法体系，但其法律适用有争议。

侵权法具有填补、惩罚、预防、正义维护等功能；也就是说，侵权法不仅能够补偿受害人的损失，而且能够通过损害赔偿等责任的承担，使加害人遭受惩罚，从而对受害人本人以及社会产生威慑，使他们自觉避免类似侵权行为的再次发生。在填补、惩罚和预防之中，最终维护公平正义。

具体到环境问题，排污者因为排污导致人身财产受到损害，他（或她）就要为此承担停止侵害、排除妨碍、消除危险、恢复原状、赔偿损失、赔礼道歉等责任。尤其是赔偿损失，由于环境的公共性，受害者往往人数众多，所涉财产损害额度也很大，因此赔偿额度一般都较大，对于排污者而言是一笔非常大的负担，甚至可能直接导致其破产。由此，就可以发挥侵权法的预防功能，抑制行为人的排污冲动。

第二，物权。物权在应对环境问题之上，主要有三个机制可以发挥作用：一是为环境和自然资源设立合理的权属机制；二是不动产相邻关系；三是对物的使用和处分的限制。

①权属机制。为环境资源设立权属机制。在环境资源保护的宏大议题中，权属机制的设置与运作显得尤为关键。权属机制，作为界定、分配和保护环境资源权益的基础性制度，其重要性不言而喻。接下来将深入探讨权属机制在环境资源保护中的核心作用，以期为我国环境资源保护提供理论支撑和实践指导。

权属机制，简言之，即是对环境资源的所有权、使用权、收益权等权益进行明确界定和合理分配的制度安排。在环境资源日益紧缺、环境问题日益严重的背景下，权属机制的建立与完善显得尤为重要。通过明确环境资源的权属关系，可以有效避免"公地悲剧"的发生，促进环境资源的合理利用与保护。

在环境资源保护领域，权属机制的作用主要体现在以下三方面：A. 权属机制能够明确环境资源的权属关系，为合理利用和保护提供前提条件。通过明确界定环境资源的所有权、使用权等权益，可以确保各利益相关方在环境资源利用和保护中的权益得到保障，避免产生权益纠纷和冲突。B. 权属机制能够引导人们自觉地保护环境资源。通过建立相应的管理规则和激励机制，可以促使人们意识到自己的行为对环境资源的影响，并自觉地采取措施减少负面影响。例如，通过设立环境资源使用权交易市场，让环境资源的价值得到体现，从而引导人们更加珍惜和节约使用环境资源。C. 权属机制能够促进环境资源的可持续利用。通过明确界定环境资源的权属关系和建立相应的管理规则，可以确保环境资源的利用符合可持续发展的要求，避免过度利用和破坏。同时，通过权属机制的调整和优化，还可以推动环境资源利用方式的转变和升级，实现经济效益、社会效益和环境效益的协调发展。

权属机制的建立和完善并非一蹴而就。在实践中，还需要注意这些问题：A. 要确保权属机制的公平性和合理性。在界定和分配环境资源权益时，应充分考虑各利益相关方的权益和需求，确保公平合理。同时，还应建立有效的监督和制约机制，防止权属机制的滥用和失衡。B. 要加强权属机制的法治保障。通过制定和完善相关法律法规和政策措施，为权属机制的运行提供坚实的法治保障。同时，还应加强执法力度和监督力度，确保权属机制的有效实施和执行。C.要推动权属机制的创新和发展。随着环境资源保护形势的不断变化和发展，需要不断探索和创新权属机制的模式和方式。通过引入新的管理理念和技术手段，推动权属机制向更加科学、高效和可持续的方向发展。

②不动产相邻关系。不动产相邻关系作为相邻机制的重要组成部分，对于维护不动产权利人的合法权益、保障环境资源的合理利用具有重要意义。我国《中华人民共和国民法通则》与《中华人民共和国物权法》均对不动产相邻关系进行了相关规定。因此，深入探讨不动产相邻关系，特别是不可称量物入侵问题，对于完善我国环境法律体系、提升环境保护水平具有重要意义。

不动产相邻关系，是指相邻不动产的权利人在行使权利时，因相互间应当给予方便或接受限制而发生的权利义务关系。这种关系涉及土地、房屋等不动产的利用与保护，直接关系到权利人的生产、生活以及环境权益。在我国，随着社会经济的快速发展和城市化进程的加速推进，不动产相邻关系问题日益凸显，成为社会各界关注的焦点。

③对物的使用和处分的限制。物权是对物直接支配的权利。尤其是所有权，所有权人对自己的物，得以占有、使用、收益、处分等方式进行全面支配，不受他人干涉。然而，从环境的角度来看，所有权人在使用、处分物（尤其是自然资源）时，可能会造成自然资源的破坏和环境的污染，因此物权法对某些特定物的使用和处分作出了禁止或者限制性规定。所有权的公法限制主要体现为行政法等公法基于公共利益的保护而针对所有权所作出的各种禁止性或者限制性的规定，尤其是基于城市规划、环境保护、生态平衡、耕地保护、野生动植物保护以及对危险或有害健康的工业的限制等需要，现代各国以所有权及他物权的形式颁布了越来越多的管制性法规。

第三，合同。合同机制的运用不在于从源头减少环境污染或者环境排放，而是在污染治理、能源节约等方面使用。特别是污染委托治理服务合同，在污染集中治理方面发挥着关键作用。按照我国《中华人民共和国环境保护法》的"三同时"制度，要求每一个排污企业都要建设、运行自己的污染处理设施，并处理其产生的污染。但这种分散处理方式无疑会使得很多企业的污染处理成本很高，出现"守法成本高、违法成本低"的问题，进而刺激违法行为的发生。因此，污染集中治理机制和污染治理委托服务合同的重要性日益凸显。污染委托治理合同作为一种民事合同，为污染治理提供了新的解决路径。除此之外，还有能源节约合同、碳减排合同等，这些合同机制共同促进了环境保护和可持续发展目标的实现。

（2）侵权机制应对环境问题的不足及调适。传统民法应对环境问题的功能是客观发生的，而不是自觉的。由于传统民法坚守私法性，对于环境这一具有公共物品属性的对象的调整，必然有其不足。对此民法也必定作出积极调整。

第一，侵权机制应对环境问题的不足。就实体而言，传统民事侵权行为构成需加害行为、损害后果、因果关系、主观过错齐备。在环境污染侵权之上，同时具备上述四个要件的难度过大。就程序而言，根据民事诉讼法的举证责任一般规则——谁主张谁举证，原告需要对侵权责任的构成承担举证责任。侵权机制对于环境问题在法律实践中运用得最多，传统民法的侵权机制对于应对环境问题也存在诸多不足。

①环境污染侵权构成要件过于严格。损害后果方面。从实体上讲，损害后果要求是对已经造成人身损害、财产损失或有造成人身损害、财产损失之虞，由此决定了：A.即使存在环境污染，但尚未有造成人身损害、财产损害的现实后果或者紧迫危险之时，侵权机制几乎难以发动；B.侵权机制无法对环境本身所遭受的损害施以有效救济。从程序来讲，原告起诉侵权必须准确列出所受损害，而环境污染所致损害往往具有隐蔽性、长期性，具体损害结果的确定具有相当大的难度，污染受害者往往难以准确列出遭受损害的具体数额，因此容易导致案件不符合程序法上的立案条件。

加害行为方面。加害行为，是指侵害他人民事权益的，受意志支配的人之行为。加害行为具有客观性、违法性。客观性是指加害行为是客观存在而非虚幻的。违法性是指加害行为违反了法律。合法行为所致损害不会导致侵权责任而是由受益者给予受损者补偿。具体到环境侵权，很多合法的排污行为也会导致人身损害或者财产损害，之所以如此，表面上看是因为政府法律、标准较为宽松或者存在漏洞，实质上则是因为政府和社会追求经济增长而牺牲环境资源。

在程序上，相比一般侵权行为，环境污染导致损害的受害人更加难以证明排污行为的客观性，因为排污行为与受害人之间存在环境媒介，行为人与受害人之间的空间距离往往较远，加之排污者为了逃避追究，往往会采取隐蔽措施实施排污，从而对于受害人而言，寻找排污口、证明排污行为的实施，均非易事。

"将因果关系法律推定规则引入环境民事公益诉讼中具有合理性基础，如纠正人们对环境侵权因果关系要件证明责任倒置的错误认识、防止原告滥用诉权、平衡原被告双方的举证负担。"①

因果关系方面。加害行为与损害后果之间的因果关系是侵权法的理论和实践难点。因果关系不仅归属于侵权行为法基本规定内容，且构成了其他几乎所有赔偿责任构成的基础。通常认为，侵权法上的因果关系分为责任成立上的因果关系和责任范围上的因果关系。对于因果关系的判定，加害行为与损害后果之间的因果关系一般采用相当因果关系标准。因果关系更是环境污染侵权的难点。首先，排污行为与损害后果之间的因果关系链条相比于一般侵权行为更长。每一个环节都需要证明因果关系，才能最终得出排污行为与损害后果之间的因果关系。其次，排污行为与损害后果之间的因果关系难以在科学上严格确立。部分环境问题与损害后果之间的因果关系并无确定的结论，更不用说现实发生的具体案件。为了解决环境污染与损害后果之间的因果关系难题，往往需要鉴定。但是，大多鉴定也只会作出盖然性判断，而非绝对判断。更何况对于同一案件中的因果关系，不同的鉴定机构、鉴定人员的鉴定意见可能会不一致甚至相悖，给司法判断造成难题。

主观过错方面。过错责任被誉为民法三大原则之一。侵权行为的构成以过错责任为原则，以无过错责任、公平责任为例外。主观过错属于主观心理状态，乃主观因素，其需要依赖于外部客观因素尤其是加害人的行为加以判断，因此主观过错的判定逐渐呈现客观化的倾向，以至于将主观过错等同于违法性的主张。环境污染乃是经济社会发展的伴生物——排污行为是附随生产生活而产生的副产品，没有为了排污而排污的，否则便是投放危险物质了。因此，排污并不像杀人、纵火之类行为具有自然之恶性，因为排污的

---

① 石晓波，卢炳权. 论环境民事公益诉讼中因果关系要件的证明 [J]. 河南社会科学，2024，32（2）：43–52.

过程也可理解为生产生活的过程，理解为维持人的生产和发展、创造社会财富的副产品的过程。所以，除排污者故意采取偷排、违法排污、超标排污等情形之外，很难确定行为人具有主观过错。因此，以过错为要件势必导致环境污染侵权责任构成极难，对受害者极为不利。

②其他方面。除责任构成之外，侵权机制应对环境污染还存在以下不足。

事后救济。侵权责任机制主要是一种事后机制，是污染的损害后果已经现实发生或者有发生的紧迫危险的情形之下方可启动。而且对于提起诉讼之时仍然在发生的排污行为，环境侵权机制并无有效的停止方式。因此，侵权机制对于环境污染的发生虽然具有一定的预防功能，但这种预防是抽象的预防、总括的预防，而不是现实的预防、具体的预防。

责任承担。"讼累"是诉讼机制因其固有的程序性、权威性、严格性和形式性而难以避免的后果。在环境侵权诉讼中，这种情况尤为突出，诉讼过程往往旷日持久，而受害者由于遭受人身损害，经常处于急需资金以应对医疗、丧葬等费用的困境。即使原告最终胜诉，也难以立即解决其当下的经济困境。

因此，在环境侵权案件中，除了关注诉讼的胜败，还应充分考虑受害者的实际困境，寻求更加迅速有效的救济途径。同时，在制度设计上，也应尽量减少"讼累"对受害者的负面影响。

诉讼时效。环境污染导致人身损害、财产损害，其后果的发生往往具有潜伏性、隐蔽性、长期性，甚至损害后果会通过遗传而加诸后代。再加之原告对环境污染侵权的举证难度大，因此往往需要更长的诉讼时效。而一般侵权行为的诉讼时效时间普遍较短，难以满足环境污染对更长诉讼时效的要求。

事实层面。作为加害人的排污者往往是企业，甚至是具有较大经济影响力和一定政治地位的企业，而受害者往往是普通老百姓，甚至是经济条件较差的贫苦老百姓。因为经济优越者，一般会搬离污染地域以躲避污染危害。由此就形成了排污者与受害者之间强弱悬殊的地位。更有甚者，政府可能会或隐或显地支持、包庇排污者，进一步加剧了受害者的弱势状态，造成了他们在诉讼上的不平等性。

第二，侵权机制应对环境问题的调适——环境侵权的特殊规则。面对传统侵权规则应对环境问题的不足，民法顺应社会发展需求作出相应的调适。

①构成要件的宽松。民法降低侵权行为构成要件的严格性，使得环境污染导致他人损害能够不那么困难地构成侵权行为。

②其他方面作出有利于受害者的调整。为了应对侵权机制难以有效救济环境本身的问题，环境公益诉讼得以建立。公益诉讼最常见事由之一便是环境污染。环境公益诉讼使得即使仅有环境污染，也可通过诉讼机制实现对环境本身的救济，并对私益诉讼中无法救济的环境本身施以救济。公益诉讼虽然是诉讼机制，属于程序法，但排污者的责任构成、责任承担等仍然是按照侵权法的私益诉讼来实施的。环境民事公益诉讼中，原告请求对环境被污染以后，至环境生态服务功能完全恢复之前的期间内的生态服务功能损失赔偿，该赔偿金获得以后，用于保护环境，也是对环境本身的救济机制。此外，为了应对起诉之时排污行为仍然在持续的情况，"禁止令"制度得以采用。

人民检察院在履行职责中发现破坏生态环境和资源保护、食品药品安全领域侵害众多消费者合法权益等损害社会公共利益的行为，在没有前款规定的机关和组织或者前款规定的机关和组织不提起诉讼的情况下，可以向人民法院提起诉讼。前款规定的机关或者组织提起诉讼的，人民检察院可以支持起诉。

对于责任承担方面存在"远水解不了近渴"的问题，民事诉讼法上"先予执行"制度，即原告可以向法院请求在判决作出前先予执行医疗费等救急费用。但先予执行的实现难度往往较大，因为先予执行制度本身存在一定的风险，极易造成不公。

环境污染侵权更长的诉讼时效。由于环境污染损害后果的隐蔽性、潜伏性、长期性，环境侵权损害较之一般侵权行为需要更长的诉讼时效期间。

为了缓解环境污染受害者相对于排污者的弱势地位，在诉讼法上建立了支持起诉、团体诉讼、减免诉讼费等制度。

（3）物权应对环境问题的不足及调适。

第一，物权应对环境问题的不足。

①所有权机制（明晰产权）应对环境问题的不足：A.并非所有的环境要素都具备赋权的条件，只有自然资源才可具备赋予所有权的条件。如，空气、环境服务功能等，由于物理边界难以确定，因此难以确定权属。只要解决了资源的权属就可以解决问题的观点在法律和法学上是不成立的。B.即使可以被私有（被赋予所有权）的自然资源，如水、土地等，也因为社会公正的基本要求，使得无法完全被私有化。因此，对私有财产的扬弃，是人的一切感觉和特性的彻底解放；土地、水等是有限的生存资源。从正义的角度来讲，虽然不同的人可能占有不同的土地、水等资源，但是要保障每个人都满足其生存要求所需的土地、水。如果彻底私有，很可能导致穷人无立锥之地、无解渴之水。这也正是社会主义公有制的优越性的理论依据之一。C.即使自然资源私有，仍然存在自然资源被破坏的问题，如自然资源所有权人、用益物权人过度开发利用土地，或者破坏性开发土地、矿产、水流等。环境的公共物品属性或者说环境的生态服务功能发挥与私有之间存在内在张力，因此不可能一概"私有了之"。

②相邻关系应对环境问题的不足：A.传统物权法上相邻关系的成立，前提是不动产的位置相互毗邻。环境污染除部分非营业性活动产生的污染与受害者之间存在位置毗邻之外，大部分导致严重后果的污染是长距离的、非地理位置相互毗邻的，此情形并非严格意义上的不动产位置毗邻关系。B.以相邻关系应对环境污染主要适用于尚未造成人身损害的妨害。这种基于环境保护的需要而对相邻关系的规定，主要是针对没有构成环境污染但损害了相邻权利人的私害行为的。这种观点有其合理性，但是不严谨。

因为即使构成了环境污染，仍然可以适用相邻关系处理。但是，由于相邻关系属于物权法的领域，其权利请求主要是停止侵害、排除妨碍、消除危险、恢复原状、赔偿物的损失等，物权请求权无法请求人身损害赔偿，也无法就非相邻不动产的其他财产损害请求损害赔偿，因此以相邻关系解决环境问题主要适用于尚未造成人身损害、财产损失或者仅有轻微人身损害、财产损失，请求停止排污行为的情形，对于造成严重污染，受害人请求人身损害、重大财产损失的，就很难以相邻关系为依据。

也就是说，相邻关系应对环境问题其一般适用三种情形：一是非经营性行为所排放的污染；二是没有发生严重的人身损害、财产损失；三是原告的诉求并非人身损害赔偿，而是停止排污。

相邻关系应对环境问题存在明显的不足。对环境问题有其局限性，但其相对于环境污染侵权机制也有其优势，即受害者举证责任较低。在相邻关系中，受害者只需证明遭受妨害即可，无须证明排污者的过错、违法性等，从而大大提高了原告获得救济的可能性。

第二，物权应对环境问题的调适。为了更好地发挥物权应对环境问题的功能，物权法也做了相应的调适。

①所有权机制应对环境问题的调适：A.建立自然资源或者特定环境要素上的准物权、特别物权，如取水权、森林碳汇权等，从而为这些自然资源、特定环境要素明晰产权提供私法机制。B.明确自然资源产权人合理开发利用自然资源的义务，主要在不得过度开发以及对开发利用方式的规范。自然资源的产权人不仅包括自然资源所有人，也包括用益物权人。C.针对环境污染的负外部性特征，试图将环境自净能力予以权利化、准物权化，创制排污权、环境容量使用权等。但这种努力主要是理论探索，在立法和制度构建上未有明显成效。

②相邻关系应对环境问题的调适。为了有效应对环境问题，"公法上的相邻关系"得以产生。进入20世纪以后，随着大工业社会的形成，基于土地资源、水资源以及其他自然资源的合理运用、环境保护和生态平衡、耕地保护以及城市建设规划等公共利益的需要，土地利用越来越多地受到公法的限制。

公法上的相邻关系不仅是公法发展的结果，更是民法为积极应对环境问题等而作出的调整：A.对相邻关系的事项范围进行了合理的扩大，将环境污染直接规定为适用相邻关系，使得相邻关系不仅仅直接适用于给水排水、通风采光、通行等方面，而且直接为环境保护相邻关系提供规范依据。B.对不动产毗邻做扩大解释，不要求不动产地理位置的相邻，而是扩大至足以发生影响即可。所谓相邻，并不要求两个不动产在空间上直接连接，只要两个不动产的适用足以发生相互影响即可。对毗邻做扩大解释为环境污染适用相邻关系提供了条件。

③合同机制应对环境问题的不足及调适。合同机制主要运用于环境治理第三方机制，如污染处理委托服务合同、节能减碳合同等。然而合同机制

仍存在若干障碍，原因在于责任方面。以污染委托治理服务合同为例。除刑事责任之外，环境污染责任既有民事责任，也有行政责任。行政责任的成立以违法为前提，而民事责任不以违法为前提。从责任主体来看，法律规定由污染者承担，但若实施了委托治理服务，谁为污染者就成为问题，随之谁承担民事责任、行政责任就产生了分歧。从责任内容来看，是单独责任、连带责任、不真正连带责任等，存在很多争议。

3. 行政法对环境问题的应对法

以行政手段预防和应对环境问题构成环境法的主要措施，因此行政法应对环境问题的机制、不足及其调适，成为论证环境法的合需求性不可或缺的部分。

（1）行政法应对环境问题的机制。

第一，两种意义的行政法。实在法学对行政法的定义，更加强调行政法的形式，是基于行政权力行使行为的视角，是关于行政审批、行政处罚、行政强制、行政征收和征用、行政给付等的法律规范。此意义上的行政法，可以视为管理行政相对人的法律。行政法，就是规定公共行政管理活动、调整行政关系的法律规范（包括规则和原则）的总称。从自然法的角度来看，行政权力的运行规范并不必然是行政法。行政法定义的第一个含义就是它关于控制政府权力的法。无论如何，这是此学科的核心。行政法的本质不在于法律规定了行政手段、行政措施，而是从来源、主体、程序、责任、监督等层面对行政权力予以规范和制约。

自然法学对行政法的定义是基于对行政权力的规范和制约的观念。行政法的学科旨趣，在于探讨行政应如何受到法的约束，以确保人民的基本权利。现代行政法是对控制行政权力的法已经成为通说。现代行政法对于政府运用行政权力管理社会的行为予以规范和约束，即，过程上表现为行政权力的运用，目的上表现为对行政权力的规范和制约。

既然行政法可以从实在法与自然法两个角度来理解，因此（甲）采用行政手段应对环境问题，也即监管行为人的法律，与（乙）规范和制约与环境保护有关的行政权力的法律，应该对二者进行对立统一的观察。

第二，行政措施的运用以管理行为人。直观上看，环境问题乃是不合理的环境资源开发利用行为导致的。故应对环境问题需要对行为人可能导致或者正在导致环境问题的开发利用行为予以监管，此即形成了环境行政管理行为。法律对环境行政管理行为的规定构成了行政法应对环境问题的最直观、也是必不可少的方面。为应对环境问题可能采用的行政手段既有宏观方面的，也有微观方面的。

第三，规范和制约与环境保护有关的行政权力。以往人们大多只看到了行政措施应对环境问题的作用，即对相对人的监管，忽视或轻视行政法规范和制约行政权力对于环境保护的功能，在环境保护方面存在着需要对公权力予以规范的三个方面事实：①行政机关在保护环境之中的权力行为，如排污许可、环境税费征收、环境行政处罚等，可能会滥用权力，这与一般行政法的理论、规则一致，因此也容易受到关注。②行政机关应当履行环境监管职责，却怠于履行职责，即行政不作为。环境法上行政不作为包括两类：一类是传统行政法上的，应当履行法律规定的职责而未履行或者履行职责不充分；另一类是宪法规定提供良好环境公共产品的职责。此职责与传统的行政不作为规制有所不同，它以结果为标准而非仅仅以行为为标准，即政府履行法律规定的环境保护职责需要实现既定目标，而不仅是履行了环境保护执法行为。最典型的表现就是政府必须对本行政区域环境质量负责，确保环境质量不下降。③可能导致环境问题的行政权尤其是决策权行使行为，如政府决定设立工业园区、决定本行政区的产业政策等。这与行政法的一般原理和规则有较大区别，因为它具有很强的宪法属性。环境问题表面上看是行为人导致的，而其背后往往有权力的影响。若能够发现行政权力的滥用、不作为与环境问题的深刻联系，就可以发现行政法在环境保护方面还大有可为，而不只是对环境行政权力的规范和制约。权力尤其是决策权力的滥用、违法使用会导致区域性、长期性环境问题，构成环境问题发生的深层次原因。

（2）行政法应对环境问题的不足。行政法应对环境问题的不足也可以从两个角度切入。对于行政权力和行政措施的运用而言，行政权的分工负责属性与环境的整体性存在冲突，越发偏重生态环境局的行政管理使得末端治理效应更加明显，行政法律关系的封闭性也阻碍了公众进入。对于规范和制约行政权力而言，环境法过于注重行政权力对行为人的监管，忽视或者轻视了对行政权滥用引发环境问题、环境行政不作为等的规范。

第一，监管行为人的行政法应对环境问题的不足。行政法应对环境问题，从规范形式上以运用行政权力监管行为人的开发利用行为为主。若论其不足，则主要有以下几方面。

①行政权力的分工负责属性与环境的整体性。行政管理的天然属性首先是地域分割。世界被分割为若干国家，国家又分为大大小小的各级行政区域。行政主体应当在其行政区域范围内实施行政措施，超越地域范围便是越权。其次是事权分割。任何行政权力都需要按照事权予以分割，尤其现代以来，行政事务越来越繁杂，行政权力和行政组织迅速扩张，行政权按事权越来越细化。行政部门各管一块。分工负责是促使行政主体履行职责的基础。但过分细碎的条款分割也容易导致多头管理、扯皮推诿。这在环境治理上就体现得很明显。

环境具有整体性特征。各环境要素相互联系、相互影响。环境要素可能同时是资源要素、生态要素、财产要素。环境问题的产生与前端的生产生活行为直接相关。因此，环境治理尤其需要整体主义思维，重视合作、共治。行政权力的行使地域、事权等分工负责与环境治理的整体性便存在冲突。

②越发偏重生态环境局的行政管理。环境保护越发偏重生态环境局的行政管理，而生态环境局的主要权限仍然是污染治理，这使得环境保护逐渐沦为末端治理。环境保护关系国计民生，关系国家经济、社会稳定、民生幸福等，事涉矿产、能源、资源、产业、就业、社会稳定、环境治理等多个领域。环境保护事务需要各主体共同参与，需要运用多种手段。然而，现代环境保护越发倚重政府的资金投入和行政支付，尤其是将重担压于生态环境局这一部门的环境行政管理活动，前端的产业、能源、经济等部门往往置身事外。公众参与和公民责任也往往陷入可有可无、缺乏刚性的境地。生态环境局作为政府的职能部门之一，纵使其权力增长再迅速，也主要限于污染治理，此即末端治理。

③行政法律关系的封闭性阻挡了公众进入。行政法律关系一般表现为"行政主体—行政相对人"的关系，在部分行政法律关系中，还可能会出现"行政机关—行政相对人—行政相关人"的法律关系。上述两组行政法律关系中，都存在一个核心要素：直接利害关系。这决定了行政法律关系是封闭的，相对人、相关人、行政主体之外的其他人难以进入。在环境问题上，不仅存在着行政主体、行政相对人、行政相关人，还存在着广泛的公众。公众

在事实上属于相关人，但不满足"有直接利害关系"的要求，这使得公众被排除在行政法律关系的相关人之外，无法参与到环境保护事务中来。

第二，规范和制约行政权力的行政法应对环境问题的不足。

①对环境行政执法权的规范和制约不足。面对环境治理中必不可少的行政权的运用，要防止行政权的恣意。然而，面对肆虐的污染，人们往往认为环境保护需要强有力的环保局，需要更大的自由裁量权。使得人们并不将环境行政权力的规范和制约作为一个重要事项对待，反而认为行政机关要更加灵活、便利地开展环境行政执法活动。建设生态文明需要强化政府环境责任，需要强势政府。

②规范和制约与环境相关的行政权力行使的欠缺。总体来看，导致环境问题发生、环境治理难以施展的其他政府部门乃至政府的决策是否符合环境保护的要求、法律规定的履行环境保护的职能是否履行、其承诺的环境保护质量目标能否实现等几乎都没有纳入法律的范围。也就是说，法律要规范一切公权力行使人，其行为包括宏观决策行为、微观决策行为，还包括法律规定的环境保护职责是否履行、承诺的环境保护目标是否实现等。行政法对于与环境保护有关的行政权力的规范和制约仍然欠缺。此为行政法应对环境问题的最本质、也是最突出的弊端。

（3）行政法为更好地预防和应对环境问题所做的调适。为更好地预防和应对环境问题，现代行政法进行了如下调适。

第一，为缓解环境保护行政管理的不足而进行的调适。为了缓解环境保护行政管理不足，现代行政法建立了专门的环境保护机构提起并强化其权力，推进政府部门之间、地域之间的合作与统筹，推动环境保护公众参与。

①建立环境保护执法机构体系。为了强化环境保护管理，政府建立专门的环境保护机构体系，该体系呈现出组织扩大化、权限强化的趋势。环境治理需要较为强大的政府环境保护组织和较多、较强的管理权力。为有效应对环境问题，建立专门的政府环境保护机构体系是必要的。从职能定位来看，环境保护机构大都经历从"咨询联络—污染防治—污染防治和生态保护一体"的过程，其职权从最初的以处罚、收费为主，发展到由许可、强制、给付、命令和禁止等组成的权力体系。

②环境保护部门合作、区域合作。为了减轻行政管理条块分割给环境

保护带来的负面效应，法律确立了综合治理原则，推进环境保护的部门合作、区域合作。对于综合治理，以往人们将其理解为治理方法、手段上的综合。其实，综合治理的首要内容便是环境保护的多元共治，即各相关主体之间的合作与共同参与。具体到环境保护行政管理，便是统筹协调、部门合作、区域合作。

第二，行政法为缓解对公权力制约不足而进行的调适。为了发挥法的规范和制约公权力的功能，行政法除了对与环境有关的行政行为（行政权力行使行为）设置来源、主体、程序、责任、监督等方面之外，还特别建立了环境行政公益诉讼制度。具有环境法特色的主要是环境保护机构组织法、对公权力行使的环境影响评价法、环境行政公益诉讼等。其他方面则主要遵循行政法的一般性规范和约束。

①环境保护机构组织法。行政主体法、行政行为法、行政责任法是行政法的基本分类方式之一。行政主体法是对行使行政权力的主体——行政组织、行使行政权力的人员进行规范的法。行政法则同行政组织法的规定相联系。行政组织法应以其固有的行政法的形式适用于职务和工作人员的确定，尤其是应使行政机关的组织本身可被视作一个通过国家施加作用于个人的法定形式。为了从源头上规范和制约环境行政权力，环境组织法非常必要。广义的环境保护机构组织法是指对一切行使环境保护权利的机构、人员进行规范的法律规范的总称。环境保护组织法的主要内容包括环境组织的设立、人员、权力和职责、隶属关系等。

环境保护机构组织法不仅为环境保护执法、行政管理的组织、人员、权限、经费保障等提供法律依据，更对环境保护权力行使者的组织、机构、人员、经费来源等进行了规范和约束，避免了环境保护组织肆意扩张。我国一些地方生态环境局人员严重超标，与缺乏环境保护组织法不无关系。

②环境影响评价制度。在我国，环境影响评价制度自确立以来，就被认为是针对行为人的行政管理措施。

（4）对于人类环境质量具有重大影响之各项提案或主要法案，均应由主办官员提出包括下列事项之详细说明书。

第一，提议中之行为对环境之影响。

第二，提案行为付诸实施时对环境所产生不可避免之不良影响。

第三，提案行为之各种代替方案。

第四，人类环境之地区性短期使用与维持及加强长期生命力间之关系。

第五，提案付诸实施时将会产生之无法复原或无从补救之资源耗损。

环境影响评价制度之发端，便是对政府政策、法律的环境影响评价。环境影响评价制度不仅在于评价行动的环境影响，而且在于强迫行政机关重视其行为的环境后果。环境影响评价制度是一种强迫行动的手段。通过要求行政机关遵守环境影响评价程序迫使它们在决策过程中考虑和照顾环境价值。在我国，环境影响评价反而失去了其原本的规范和制约行政权力的功能，蜕变为政府监管行为人的手段，因而，战略环境影响评价迟迟得不到实质性开展。

环境影响评价制度是对政府行使可能影响环境的决策行为的重要规范和制约方式，也是体现规范和制约公权力以保护环境的最重要机制之一。最近以来，我国对于环境影响评价制度改革的一种意见认为，应当将建设项目环境影响评价逐步取消，归入排污许可，同时强化战略环境影响评价。这一思路符合环境影响评价制度初衷，也与对环境保护相关公权力的规范和制约的行政法治精神相契合。

（5）环境行政公益诉讼。任何一个政府都不应该没有批评者。形式上看，行政是国家行政主体对公共事务的组织和管理活动。本质上看，行政是对公共利益的集合、维护和分配活动。环境是公共产品。环境行政公益诉讼是没有直接利害关系的公众对行政机关提起的诉讼，它是督促政府履行环境保护职责的重要工具。当行政机关不依法履行职责时，由适格主体提起对行政机关的诉讼，督促行政机关依法履行职责。此即行政公益诉讼机制。公益诉讼是公众参与的重要形式，行政公益诉讼则是体现了公众参与的核心精神——民主，体现了法治的核心理念——对公权力的规范和制约。理论上讲，环境行政公益诉讼可以针对行政机关实施的环境保护行政执法行为，也可以针对行政机关在环境保护方面的渎职行为，以及行政机关实施的可能导致环境问题的公权力行为。

环境行政公益诉讼是环境民主的重要实现方式，但是由于行政公益诉讼往往会使政府疲于奔命，引发滥诉和恶意诉讼，因此，不能无限制地放开行政公益诉讼的原告资格。

现代行政法为应对环境问题而作出的调适，构成了环境行政法最重要的内容，也是其区别于一般行政法的特征。经过调适之后的原则和规则，不仅属于行政法，更属于环境法。

（三）合道德性

法的正当性不来源于法律体系本身，而来源于法的外部。法的终极合法性依据在于其合道德性或者合价值性。环境法除了形式上的合法性——合宪性之外，实质上的合法性则表现为两个基本方面，一方面是环境法的合需求性；另一方面则是合道德性。环境法的合道德性主要表现在以下两方面。

1. 合正义性

正义是一个庞大的话题，以至于本书不得不聚焦于代际正义与环境法。环境法上的正义包括国内正义、国际正义、代内正义、代际正义以及种际正义。代与代之间的正义就是代际正义，是制度伦理学的重要话题之一。

（1）代际正义产生的背景。代际正义是环境法合正义性的重要组成部分，它关注的是不同世代之间的公平问题。这一概念并非空泛，而是有着深刻的社会和学术背景。第二次世界大战后，随着环境问题的日益严峻，人们开始意识到环境资源的有限性以及对后代人的影响。罗尔斯的正义理论为此提供了哲学基础，特别是他关于原初状态和无知之幕的理论，为代际正义的实现提供了可能性。

代际正义的社会意义在于，它要求在使用自然资源和环境时，不仅要考虑当代人的需求，还要考虑到未来世代的利益。这种观念的提出，是对传统发展观念的重大挑战，它要求在追求经济增长的同时，必须保护环境、节约资源，以确保后代人同样能够享有可持续发展的条件。

（2）代际正义理论与可持续发展观。代际正义理论与可持续发展理念紧密相连。可持续发展强调的是满足当代人的需求，同时不损害后代人满足需求的能力。这一理念的实施，需要法律的支持和引导。环境法通过确立一系列原则和制度，如环境影响评估、资源合理利用等，为实现可持续发展提供了法律保障。

环境和资源危机是阻碍人类发展的基本问题之一。以代际正义观为指导，走可持续发展道路，唯有如此才能实现人类的永续发展。可持续发展不仅仅是哪一个国家或者某一个地区所关心的问题，而是要全人类携起手来共同努力才能真正实现的。

（3）代际正义与法律变革。

第一，代际正义与环境法。代际正义理论对于法律的影响是显而易见的，直接表现为大大促进了新的法律部门——环境法的产生。这不仅体现了代际正义的重要性，且把该正义作为讨论后代人权利、可持续发展等问题的伦理基础。代际正义渗透到政府和广大民众的意识中，促进了国家和社会环境意识的觉醒，而环境意识的觉醒又是环境法诞生的直接动因。

人们之所以要保护环境，重要的原因之一是环境不是当代人的环境，而是跨越时间维度的。环境是祖先遗留下来的，当代人使用后，还要遗留给后代人。正是出于代际正义的考虑，当代人在使用环境、利用资源的时候，必须有所节制，不能恣意妄为。如果当代人将后代人本应享有的环境资源利益恣意挥霍掉而致使后代人享受不到，那就是不正义的。

代际正义还是环境权的重要理论支撑。环境权是环境法的核心和基础范畴。建立环境权理论体系，必须以代际正义理论为支撑。环境权的权利主体不仅有当代人，还有后代人。环境权的义务主体包括当代人，当代人应当对后代人承担义务。

第二，环境法对代际正义的促进。环境法的产生和发展也促进了代际正义。环境法通过诸如可持续发展等原则和若干制度等保护了环境，为实现代际正义提供了法律保障。环境法的发展还突破了代际正义，在此基础上还产生了代际正义，它超越了人类在当代和未来之间实现正义的意蕴，要求人与其他物种之间的正义。

代际正义是正义理论的重大创新，对人类的思想认识和社会生活产生了积极影响。代际正义直接催生可持续发展观，并推动了法律的变革。当然，正义观也是不断发展的，在代际正义的基础上产生了中际正义，要求放弃人类中心主义而采取生态中心主义。

2. 环境法与平等、秩序的关系

（1）环境法与平等性。平等的观念是人与生俱来的，"物不平则鸣""不患寡而患不均"等无不表达着平等观念的天赋属性。平等包括形式的平等和实质的平等。而个别正义又可以分为分配正义和矫正正义。分配正义是指求得比例的相称，指不同地位、不同身份的人们按等比例原则办事，即不同品德的人们在社会上享有不同的政治权力、不同的社会荣誉和不同的财产数额。分配正义对应实质平等原则。矫正正义就是人们之间的平等关系，它表现为对于属于交换物品范围的东西进行平均的分配，这种平均主义，要运用到诸如契约、买卖、赔偿损失、司法审判等方面，这是一种等差比例，这种正义是以人的等价性为依据的。

矫正正义对应于形式平等。所谓形式平等，是指忽略主体间差异的平等，是起点的平等。如民法认为，人格始于出生，终于死亡，人的人格完全平等。人格平等是一种形式上的平等。根据自然，没有人享有高于别人的地位或对于别人享有管辖权，所以任何人在执行自然法的时候所能做的事情，人人都有权利去做。形式平等的基本要求是平等对待，形式平等与平均具有某种天然联系。但是，平均主义却容易导致实质不平等。所谓实质平等，则是指考虑主体间差异性，在分配层面而发生的结果的平等，其基本要求体现为三个方面：相同情况同等对待；不同情况区别对待；比例原则。

对于"相同情况同等对待，不同情况区别对待"原则，其首要问题是何谓相同情况，何谓不同情况。相同与不同是针对结果有影响的前提因素，如在刑法中表现为影响定罪量刑的犯罪构成。除非能够指出两种情形明显相关的差异，否则，就必须承认二者适用相同的道理。对于不会对结果产生影响的其他因素，尤其是法外因素，不应当被考虑在前提之列。

比例原则。比例原则最早源于行政法，但是已经发展成为法律领域广泛适用的方法性原则。比例原则可以具体为如下三方面。

第一，层次性，即由若干"条件—结果"横向层面组成的位阶（层次）体系。如，《中华人民共和国大气污染防治法》规定："对造成一般或者较大大气污染事故的，按照污染事故造成直接损失的一倍以上三倍以下计算罚款；对造成重大或者特大大气污染事故的，按照污染事故造成的直接损失的三倍以上五倍以下计算罚款。"这就体现为对造成大气污染事故罚款的层级体系，分为一般、较大层级和重大或特大层级，分别对应直接损失一倍以上三倍以下罚款、三倍以上五倍以下罚款。由不同位阶（层级）组成的体系，是比例原则的基本要求。

第二，对应性，即条件与结果之间存在适当的对应关系，在消极后果方面一般是体现为：过错—后果—责任的对应；在积极后果方面一般体现为：贡献—结果的对应。前者是条件，后者是结果。条件与结果具有相称性，或者呈现一定的比例关系。我国《宪法》规定："中华人民共和国公民在法律面前一律平等。"

第三，一定的自由裁量权及对自由裁量权的必要限制。由于层次性和对应性的存在，必然要求决定者拥有一定的自由裁量权，否则层次性便失去了价值。但是，自由裁量权的滥用又可能导致平等的丧失和正义的堕落，因此，又必须对自由裁量权进行必要的限制。

平等原则坚决反对特权和歧视。平等原则在环境法上可以具化为：①公民之间具有平等性，不允许存在特供水、特供空气、特供食物，除非是通过自由市场交易获得；②人人都享有开发利用环境资源的权利，不因为其出身、阶级、经济水平、政治地位、受教育程度等不同而区别对待，行为人的环境资源开发利用权应当受到平等保护；③行为人与环境暴露者之间人格平等，并不因为行为人的经济能力、社会财富贡献能力等，就高人一等；④环境暴露者之间的人格平等，应当受到平等对待，享受平等保护，不允许有环境之上的城乡、农工、受教育程度、性别等差别对待；⑤区域平等，不同区域之间可以根据本地经济、社会、环境、文化等状况采取适合本地的经济社会发展策略，也可以采取严格程度有所不同的环境法律和标准，但不得实施污染跨区域转移，也不得将污染企业、产业转移至经济社会发展水平较低的区域；⑥当代人应当为后代人预留其发展所必需的洁净的空间、资源能源。

平等最终需要司法的维护。就像任何社会机构一样，法庭也有它的缺陷，但在这个国家中，法庭是最伟大的平等主义者。在法庭中，一切人都是生来平等的。也就是说，立法上的形式平等与实质平等以及分配正义与矫正正义，都需要在司法层面得以维护。环境法上的平等，都需要以司法为最终保障。

（2）环境法与秩序。秩序是法的基本价值之一。秩序是人得以便利生存的基本条件，是重要的社会规则确定原则。虽然秩序不等于正义，但秩序的存在或多或少地符合正义的价值。因为在一种确定的秩序之下，必定有确定的规则，而规则的遵循则体现着生活的便利和冲突的减少。但是，秩序本身也可能会成为非正义的事物。

秩序不仅存在于人与人之间的社会，而且存在自然界、存在于人与自然之间。人与自然的关系同样体现为一种秩序。人和自然的关系，也体现为一种辩证的逻辑。人和环境之间存在什么关系将是环境法的立足点之一。人与环境是辩证统一关系，人产生于环境，环境对人具有决定性，人对环境具有影响性，环境与人在辩证的"否定之否定"中不断发展。

第一，环境对人的决定性。人须臾也不可能离开环境，但环境可以独立于人而存在。环境不仅先于人而存在，而且即使人类灭绝，环境依然继续存在。因此，人与环境的相互关系，首先是环境对人的决定性。环境对人的制约作用主要有以下三个方面。

①人产生于环境，是环境的一部分。

②环境为人的生存和发展提供空间、资源和美的享受。因此，环境提供生态服务功能，可以分析为四个方面的价值：A. 环境为人提供生存所必需的空间，该空间伴随着人的活动而移动；B. 环境为人的发展提供必需的物质资料；C. 环境为人提供精神愉悦的材料；D. 环境容纳和消解人在生存和发展中产生的废弃物质和能量。当然，环境对废弃物质和能量的容量是有限的，环境的自我修复功能发挥是有一定条件的，简言之，就是污染物质和能量的排放不能超过环境的自净功能范围，否则环境质量就会下降，进而损害环境本身和生存于环境之中的人、财产、动植物等。

第二，人对环境的影响性。人类对环境具有影响性。积极影响就是尊重环境规律，有节制地开发利用，保护环境乃至提升环境质量，包括：①合理规划土地使用，避免过度开垦与开发；②实施可持续农业和水资源管理，减少土壤侵蚀和水体污染；③推进清洁能源的应用，减少化石燃料使用带来的空气污染和温室气体排放；④加强森林保护与生态修复，防止生物多样性丧失；⑤倡导绿色消费与循环经济，降低资源消耗和废弃物排放；⑥通过环境教育提高公众的环保意识，推动社会各界参与环境保护行动，实现人与自然的和谐共生。

第三，环境与人的关系链条。环境与人类之间呈现关系链：①人是从环境中产生的，环境提供人类生存和发展的空间、资源，人类向环境排污；

②人类对环境的影响伴随着生产力和科技的提高而不断增强；③被影响的环境反过来又对人类造成影响。

生存，就其本质而言，并非人类可以内在、自在、自为的孤立和单一行为（显然，人类不为也没有生存），它必须与自然世界交互作用方得实现。人与环境是对立统一的，不过特定时期表现有所不同。目前人类社会对世界的主宰建立在错误认识宇宙的基础之上。主要的错误是人类与环境分离了，以及在地球健康恶化的时候人类仍然能繁荣发展。

环境法的产生与发展也可以看作人与环境关系的产物。环境法以实现双重和谐的发展机制为最终目标，和谐必然成为整个环境法的主导精神。环境法体现了人与自然的和谐，而这种和谐就体现为自然与人的相处模式，体现自然秩序。

二、环境法的分类

（一）以实在法和自然法分类

"应当看到人的主体性与法的实在性，重新回归人类中心主义，兼采可持续发展与环境正义，作为环境法的伦理基础。"[①]

实在法和自然法是法的基本分类。即使近代以来，历史法学、利益法学、规范分析法学、法社会学、法经济学、语义分析法学等学派兴起，实在法与自然法的分类仍然是法的基本分类。相对应地，环境法也可以分为实在法的环境法和自然法的环境法。

（二）以适用对象的国别分类

以适用对象的国别为视角，可以将实证法的环境法分为本国环境法、外国环境法、超国家环境法、国际环境法。

1. 本国环境法

观察者本人所属国家的环境法，对于该观察者而言就是本国环境法。如对中国人而言，中国环境法就是其本国环境法；对于美国人而言，美国环境法就是其本国环境法。本国环境法对于观察者的实践意义最为重要，本国

① 张亚峰.环境法伦理基础的审视与抉择[J].法大研究生，2019(2)：32-47.

环境法也是法教义学的对象。

2. 外国环境法

与本国环境法相对应的是外国环境法，即观察者所属国家之外的其他国家的环境法。如，对于中国人而言，美国、日本、俄罗斯等其他所有国家的环境法都是外国环境法。

外国环境法乃是统称，需要观察者进一步分为美国环境法、日本环境法、俄罗斯环境法、英国环境法、德国环境法等。

3. 超国家环境法

超国家环境法是指超国家的国际组织制定或者认可的环境法，它不同于若干国家之间通过签订国际条约形成的国际环境法，而是超国家的国际组织所制定或者认可的环境法，这种环境法可以直接用于组成该超国家组织的各个国家。目前，仅有欧盟环境法一种形式。虽然，国际社会存在不少国际组织或者地区组织，如东盟、非盟国家联盟等，但是唯有欧盟具有制定直接适用于欧盟成员国的法律文件的权力。欧洲部长理事会、欧洲议会有权制定法律，欧洲法院的判例法，是欧盟成员国的法律渊源。

超国家环境法既不同于国别环境法，也不同于国际环境法，而是一种特殊的环境法形式。

4. 国际环境法

国际环境法是与国别环境法相对应的概念，是指以国际条约或国际习惯的形式存在的环境法。但国际环境法的主要渊源是国际环境条约。除国际环境条约之外，不具有强制约束力的宣言、倡议书等也是国际环境法的补充渊源。

从环境法的发展史来看，国际环境法对于国别环境法的影响很大，尤其是发展中国家和欠发达国家，其环境法的起步与建设往往受到国际环境法的影响。

（三）按法规内容分类

以内容为标准可以将环境法分为污染防治法、自然生态保护法、自然资源保护法、环境保护相关法，这是环境法最重要的分类之一。

1. 污染防治法

污染防治法是指应对和解决环境污染的法律规范的总称。污染防治法是环境法最原初的状态，至今仍是最重要的内容。因为环境污染问题对人体和自然界的危害不仅广泛、深刻，而且相对于环境破坏，更为可见。环境污染源分布广泛，世界八大公害事件、新八大公害事件等无一不是环境污染问题。

由于人们一般将环境分为若干环境要素——水环境、大气环境、土壤环境、声环境、生物环境、辐射环境等，因此污染防治法也对应有水污染防治法、大气污染防治法、土壤污染防治法、噪声污染防治法、放射性污染防治法、固体废物污染防治法、光污染防治法等。这种分类存在一个突出的问题，就是将被污染的环境要素（受体）和污染源（入侵者）混淆在一起了。如固体废物污染防治法、放射性污染防治法、噪声污染防治法，就是以污染源（固体型）作为标准进行的立法，而水污染防治法、大气污染防治法则不够清晰。因为水污染，既可以理解为水污染物——作为污染源的液态污染物，也可以理解为水被污染——作为受体的水环境。同理，大气污染防治法也是如此。而美国则称为清洁空气法、清洁水法，这就明确了空气、水是作为环境要素体现在立法中的。污染防治法应当按照被污染的环境要素（受体）和污染源（入侵者）区别分类。

第一，作为被污染的环境要素的污染防治法。环境虽然可以分为若干环境要素，但在立法上作为被保护的环境要素的污染防治立法，主要是大气、水、土壤三类。相对应的是水污染防治法、大气污染防治法、土壤污染防治法。对于是否应当按照美国的称谓（清洁水法、清洁空气法、清洁土壤法）的问题，本书以为，美国的称谓不仅可以避免污染源（入侵者）和环境要素（被污染者）的区分，而且体现了污染防治的目标导向——清洁的环境，是可取的。

第二，作为污染源的入侵者的污染防治法。污染源的入侵者可以分为三种类型：①污染物质；②是污染能量；③综合性的污染源。

污染物质的立法又可以包括两类：①具有环境危害性、危险性的物质的立法，如农药管制法、化学品管理法、核物质管理法、危害臭氧层物质管理法等。这类法律不能被完全归入环境法的范畴，因为其中有大量的关于危险物质的生产、运输、储存、销售、处理等管理性规定，其中涉及环境污染的才属于环境法的范畴。②从物理形态上的污染物立法，典型的如固体废物污染防治法。

所有污染能量都是作为入侵者而存在的，如放射性污染防治法、电磁辐射污染防治法（上述二者可以合称"辐射防治法"，辐射主要有两种形式，一种是放射性物质的辐射；另一种是电磁辐射）、噪声污染防治法、震动控制法、光污染防治法、热污染防治法等。

综合性的污染源控制立法是针对某些活动会产生多种污染，对此项活动进行综合性控制，如畜禽养殖污染防治法。

2. 自然生态保护法

自然生态保护法是指预防和应对自然生态破坏问题的法律规范的总称。自然生态保护法主要包括生物多样性保护法（物种保护、生境保护、基因保护等）、自然生态区域保护法、生态退化行为应对法等。自然生态保护法是随着生态学的发展逐渐建立的法律门类。自然生态法诞生之前，自然资源保护法发挥着自然生态保护的功能。自然生态法诞生并逐渐完善以后，自然资源保护法的自然生态保护功能应当压缩。

虽然有些自然生态要素并不是自然资源，但自然资源必定作为自然生态要素而存在，因此可能造成自然资源保护法与自然生态保护法的混淆。我国环境法教学也存在此类问题，即将自然资源保护法与自然生态保护法混淆，或者将本属于自然生态保护法的内容误归入自然资源保护法，或者干脆取消自然资源保护法，或者干脆取消自然生态保护法。自然资源保护法和自然生态保护法的区别在于以下几方面。

（1）自然资源必定作为自然生态要素而存在。例如，水，既是水资源，也是水生态；土壤，既是土地资源，也是土壤生态；野生动植物，既是野生动植物资源，也是野生动植物生态；森林、矿藏、草原等，也是如此。

自然资源和自然生态是从不同的角度来观察的。作为自然资源，观察者是以其对人的价值尤其是经济价值为观察角度的。如，水作为自然资源，有发电、航运、养殖、灌溉、工业、旅游等多种经济价值。作为自然生态要素，观察者是以其作为生态系统的一部分，尤其是其所扮演的生态角色和提供的生态功能作为观察角度的。如，水作为自然生态要素，具有调节气候、滋养野生动植物、充当生态循环媒介、维系生态系统平衡等功能。

自然资源与自然生态的概念之间存在张力。自然资源重在资源属性，势必着重于对其开发利用。自然生态重在其生态属性，而生态属性的保持和生态功能的发挥，则需要维持其原状，尽量避免和减少开发利用，减少人为干预。由此，在开发利用与封存维持之间就出现了冲突。或者说，自然生态保护恰恰是要约束人们对自然资源开发利用的冲动。

因此，自然资源保护法是以自然资源的开发利用为前提和归属的，也就是以开发利用为前提的保护；或者说以"永续利用"为目的的保护。从保护方式来看，自然资源保护法着重从开发角度对自然资源予以保护，包括前置许可、开发方式、补偿方式、自然资源税费制度等。简言之，自然资源保护法是以开发为目的的保护，寄保护于开发之中。自然生态保护法则是以自然生态的维持和保存为归属的，对其开发则是采取限制或者禁止的态度。自然生态保护法着重于对自然生态的改善和维持，尤其强调封存式保护。简言之，自然生态保护法是以保护和保存为归属的，是以限制和禁止开发为基本态度的。

（2）自然生态要素的概念大于自然资源。部分自然生态要素不被视为自然资源，如荒野本身很难被视为自然资源，却是重要的自然生态要素。在我国法律中，荒野的概念尚未被广泛接受，但是滩涂、未利用地等概念已经存在。

自然生态保护法不仅要保护自然生态要素，而且可能要对特定自然生态系统施以保护，此种情形下可能无法或很难通过自然资源保护得以实现。如沙漠化防治法、水土保持法等，前者是对沙漠化的防治，体现在预防沙漠化、改善沙漠化区域的功能之上。而后者则是通过水土保持，防止水土流失，进而防范土地沙漠化、石漠化、荒漠化。

也就是说，自然生态保护法不仅保护作为物质实体的自然生态要素（同时也可能是自然资源），也保护不具有自然资源属性的自然生态要素和特定自然生态系统，以及对特定造成自然生态退化行为、区域进行治理的法律。

3. 自然资源保护法

自然资源保护法是对保护自然资源、维持自然资源永续利用的法律规范的总称。自然资源保护法，主要有水资源保护法、土地资源保护法、矿产资源保护法、野生生物资源保护法、森林资源保护法、草场资源保护法、农业气候资源保护法等。

传统的环境法主要是污染防治法。但从法律史的角度来看，自然资源保护法比污染防治法的历史更悠久，而且条文、规范内容更加丰富。自然资源保护法作为环境法的分支，其正当性在于如下两点。

第一，自然资源既是资源要素，也是环境要素，只是观察视角或者人对其利用的价值侧面不同而已。如水，其可以供发电、航运、灌溉、养殖等，此时其是自然资源。水被污染之后，人饮用被污染的水源而致病致死，乃是作为环境要素而存在的。

第二，在很长的一段时间里，人们缺乏自然生态保护的观念，但是自然生态的保护又极其必要。如，滥伐森林、滥采草原导致的草原退化，滥采矿产资源导致矿山环境退化，人们认为应当保护森林资源、草原资源、矿产资源等。于是，在自然资源法中增设了自然资源保护的规范，从而形成了自然资源保护法。自然资源保护法既是自然资源法的一部分，也是环境法在污染防治法之外的扩充。

随着自然生态保护法的兴起，自然资源保护法的原有功能已经在很大程度上被替代。所有的自然资源都是自然生态系统的一部分，都需要按照生态系统和生态平衡的要求予以保护。自然资源保护被包含于生态系统保护之中。有必要科学区分某种要素对于人类当今主要价值是自然资源要素还是自然生态要素。对于主要属于自然生态要素，但以前归于自然资源保护的，应当逐步回归到自然生态保护法，如野生动物保护法、湿地保护法等。既属于自然资源保护法，又属于自然生态保护法的，如森林保护法、草原保护法、水法、土地法等，适合在统一的自然资源保护法中予以规定。对于主要属于自然资源的，如矿产资源，则应当归属于自然资源保护法。

第三节　环境法的属性及法律意蕴

环境法学是环境科学与法学领域的交叉学科，其本质上属于法学的分支。近年来，学术界和实务界越来越强调环境法学应回归法律本质，致力于强化其法律属性和功能。环境的客观属性是环境法学区别于其他法学学科的关键要素之一。

环境作为一种客观存在，其运行和发展遵循不以人的意志为转移的自然规律。这些规律对法律规则的设计和实施具有重要的指导意义。环境的属性，如自然性与社会性、整体性与局部性、可恢复性与易损性、共同性与个体性等，对环境法的规则、原则和制度产生不同程度的影响，甚至在某些情况下具有决定性作用。在环境法学的教学和研究中，对环境属性的深入探讨有助于理解环境法的基本原则和制度安排，从而更好地指导环境法律实践。

一、环境的自然性与社会性及其影响

环境是自然的存在，同时也受到人的影响，特别是近现代以来，人类对环境的影响越来越突出，因而呈现出越来越显著的社会属性。

(一) 环境的自然性及社会性

环境的自然性是指环境首先是自然的存在，其运行遵循自然规律。环境依托于自然要素而存在。

1. 环境的自然性

（1）环境 / 生态先于人类而存在。不是人类创造了环境，而是环境孕育和塑造了人类。在人这一物种诞生以前，生态圈就已经存在。人类诞生以后，它才被称为环境。在人类诞生后的很长一段时间内，人们对环境的改变很小，环境的演变主要是自然演化，而非人为的。即使在科学技术如此发达的今天，人类对环境的改造也必须依托自然要素。

（2）环境的外延虽然包括自然环境和社会环境，但环境科学和环境法学所关注的社会环境仅包括经过人工改造的自然要素，而不是脱离自然要素的社会、人文环境。也就是说，环境必然有物质载体，且此物质载体必定是自然要素。所以，"政治环境""经济环境""人文环境""治安环境"等诸如此类的"环境"均不属于环境法上的环境。

（3）环境规律具有客观性。环境的演变发展规律具有自然性，虽然人力能够影响和改变环境，但无法违背环境发展变化的客观规律。这已经被无数的事实证明。即使到了高科技的现代，人类仍然无法违背环境的规律。在大自然面前，人们应当尊重自然、顺应自然、保护自然。

2. 环境的社会性

环境的社会属性体现在其不仅是自然的存在，也受到人类活动的深刻影响，形成了具有社会特征的环境概念。环境以人为参照中心，影响着人类生活的各个方面。从人与环境的互动关系来看，两者之间存在着互为作用和影响的双向关系。人类在环境中占据空间，从中获取生存和发展所需的物质资源，并依赖环境的自然净化功能处理废弃物。这一过程中，人类活动持续地对环境产生影响，引发环境变化。自人类出现以来，环境便带上了人类活动的印记，且这种影响日益显著。这可从以下几方面来理解。

（1）从人类保护环境的动机来看，最终目的是人的福利，而非环境本身。人类中心主义是利己主义伦理观的放大。虽然，环境伦理学有"人类中心主义"与"生态中心主义"之争，但"围绕人的周围事物"的根本定位决定了环境不可能偏离人这一中心，更不可能消除人的因素。

（2）从人对环境的影响来看，自人类诞生以后，人就对其周围的环境产生影响，并且这种影响的程度和范围也随着人类的生产力和科技水平的提高而日益强烈和广泛。总体来看，人对环境的改变是负面的。

（3）环境包括经过人工改造的自然要素，即社会环境。人类社会发展至今，几乎不存在纯天然的自然要素。所有的环境要素都或多或少、或深或浅地加入了人的因素。随着生产力水平的提升和科学技术的进步，人类对环境的影响和改造能力也愈发强大，越来越多的经过人工改造的环境为环境科学和环境法学所关注，如气候、能源、空间、人口等。

自然性和社会性统一于环境。①环境的定义融合了环境的自然性与社会性。环境依托于自然要素，即自然性，但围绕人、影响人的因素，此即社会性。环境问题就是在非自然性科学应用于工业生产的过程中产生的，科学的非自然性是工业文明环境问题产生的根本原因。②环境包括自然环境和经过人工改造的环境。经过人工改造的环境是依托于自然要素的。即使天然的环境也无法避免人类的影响，虽然这种影响可能是微小的。③环境的发展变化要遵循自然规律，但也会受到社会规律的制约。④环境的自然规律更具基础性，但也容易被忽略或轻视。随着人类改造自然能力的提升，环境的社会性越来越强，对环境的自然性的作用力也越来越大。

(二) 环境的自然性与社会性对环境法的影响

第一，环境的自然性与社会性从根本上决定了环境法何以存在。环境法的产生、发展和变化，两个因素发挥着关键作用：一是环境和环境问题的产生、发展和变化，这体现了自然性对环境法的作用；二是人们对良好环境的需求以及为此而实施的活动，这体现了社会性对环境法的作用。古代没有现代意义的环境法，由于没有近现代严峻的环境问题，也就不可能产生现代环境法。近代以来，尤其是化石燃料的使用和化学工业、钢铁工业的发展，大幅提高了人们开发和改造自然的能力，环境问题日益突出，催生乃至迫使政府出台法律，管理、限制和禁止某些环境污染或环境破坏行为。当这些法律法规的数量逐渐庞大，立场朝着严格保护环境、保障公众的环境权益、规范和限制与环境有关的公权力，而非有利于环境污染者的方向转变时，真正意义的现代环境法就诞生了。环境法的内容越来越精细、调整领域越来越广泛，也是由于环境问题日益多样化、复杂化所致。

第二，环境法无不打上了自然性与社会性的烙印。

一方面，环境法的规则、原则和制度很多都是从环境、生态、资源科学和技术转化而来的，而非人们刻意发明的。这与民法、刑法、行政法等传统法律部门不同，这些法律部门往往具有很强的社会性，体现了人们对社会生活一般规律的要求以及国家的统治、治理意志。环境法却有大量的技术性规范，环境法的制定、执行和遵守，要尊重自然规律，要依赖技术手段。

另一方面，环境法不是直接将科学的结论作为法律予以规定，而是结合国家、社会的具体需要以及可实现水平并以法律的形式表现出来，如环境标准制度、环境影响评价制度、环境监测制度、环境损害赔偿等。以环境标准制度为例，环境质量标准以环境基准为基础。环境基准具有科学性，体现了环境的自然属性。但环境质量标准又不是环境基准的法律重复，它以环境基准为依据，在考虑自然条件和国家或地区的社会、经济、技术等因素的基础上，经过一定的综合分析后制定，由国家有关管理部门颁布。如果经济社会的现实情况发生了较大变化，环境标准应当随之修改。且环境标准也并非就是法律，只有环境标准与法律相结合；或者说法律对环境标准予以确认，并赋予其效力，才能成为所谓的环境标准制度。这正体现了环境法是以环境规律性为基础的技术可行性、经济合理性、法律正当性的结合。

第三，自然性与社会性的对立统一对环境法的制约性集中体现在环境法必须尊重自然规律和社会规律。环境的自然性要求环境法必须尊重自然规律，否则极有可能事倍功半甚至事与愿违。自然（或环境资源）的属性是环境法的基础、依据，更是环境法理念的源泉。不符合环境、生态和自然资源的规律，环境法律政策的效果就会打折扣、失灵甚至起到反作用。环境法还要尊重社会规律。一是要遵循人与人相处的规则，尤其要尊重经济运行的规律。因为环境问题主要是在经济发展过程中产生的。科斯定理、帕累托最优、庇古定理等在环境法上已不是陌生词汇。二是要善于运用社会规律为保护和改善环境的法律服务，典型地体现在环境法的经济激励和约束制度上，如排污交易制度，环境税费制度等。

二、环境的整体性与局部性

整体和部分是对立统一关系。环境既具有整体性，也具有局部的特性。从构成上看，环境可以分解为若干不同的环境要素。从地理划分上看，环境可以被归入不同的行政区域。从行政管理上看，同一事物从不同角度来看，可能呈现出环境、资源、生态、财产等不同样态，并分属不同的事权部门。不同的环境、资源、生态要素还会被细化到不同的行政部门管理。这些看似被分开的环境要素和地域其实是密切联系的，它们共同构成环境整体。这就是环境的整体性与局部性。人们从事环境保护和环境管理时，往往对环境进行条块分割，容易导致环境保护事倍功半。环境法应当看到环境的整体性，着力解决环境保护管理体制中的条块分割问题。

（一）环境的整体性与局部性的对立统一关系

人类所面对着的整个自然界形成一个体系，即各种物体相互联系的总体。系统科学也认为，系统可以定义为相互作用着的若干元素的复合体，环境是一个整体。一方面是环境要素的关联性，即各环境要素相互影响、相互作用，构成环境整体。虽然在研究和管理上需要将环境分为大气、水、土壤等若干环境要素，但自然界中的环境并非独立的、被分割的。大气、水、土壤等环境要素会通过降水、生物活动等活动相互影响。环境、资源与生态也是相互关联的。环境对受体的影响是环境整体发挥作用，而不是单个的环境要素作用。另一方面是地域的整体性。人类结群而居形成不同的社区，并组建国家，占据不同的地域并形成行政边界。虽然，科技和信息使得地球越来越像"地球村"，但至少在相当长一段时间内，国家和政府不会消亡，它们依旧会划疆而治。环境不因为行政区域而被人为地分割。

环境虽然具有很强的整体性，但不同地域、不同环境要素也具有自身特性，即局部性。①不同的环境要素有自身不同的特点和演变发展规律。如，大气流动性最强，水的流动性次之，土壤的流动性最差，因此三种环境要素的自净能力差异很大，治理方式方法不尽相同。②地域性。不同地方的环境会因为自然和社会因素而呈现差异，就自然要素而言，环境会随着经度、纬度、高度等变化而不同。就社会因素而言，经济、政治、文化、教育等因素都会影响当地环境状况。以经济因素为例，通常经济发达地区对环境保护的要求更为严格，环境质量相对较高。相反，在经济欠发达地区，由于发展需求强烈，有时会降低环境保护标准，甚至不惜牺牲环境以促进经济发展，这可能导致环境问题的加剧。

环境的整体性与局部性是统一的。就环境整体而言，整体性更强。就单个的环境要素和地域、区域、流域而言，更多体现的是局部性。环境保护和管理既要看到环境的整体性，也要看到环境的局部性。

(二) 环境的整体性与局部性对环境法的决定性作用

环境的整体性与局部性对环境法的影响主要表现在对环境监督管理体制的确定性。环境监督管理体制是环境公共管理、环境法的重要内容，也是影响一国环境管理成效的重要因素。

分工负责不仅是经济学的重要理论，也是行政管理的基本要求。按事权和地域进行划分，即"条条"和"块块"是行政管理的重要特征，也是工作和责任具体落实的重要机制。然而，由于环境的整体属性，使得条块分割的方法在环境管理中有负面效应。"条条"上，既有水、土、气等不同的自然要素，在这些要素上，又有资源开发、生态保护和污染防治等不同事权范围；此外，还涉及财产和利益，使得环境管理有破碎化、肢解化的可能性。条块分割在环境保护上的问题最现实地体现为各个部门、各地方之间的扯皮推诿。

因此，环境法对于环境监督管理体制应当坚持统筹协调原则。在我国环境法上表现为综合治理原则。综合治理既是治理手段、方法的综合，也是治理主体的综合，或者称为整体性治理。所谓整体性治理，是以公民需求为治理导向，以信息技术为治理手段，以协调、整合和责任为治理机制，对治理层级、功能、公私部门关系及信息系统等碎片化问题进行有机协调和整合，不断从分散走向集中，从部分走向整体，从破碎走向整合，为公民提供无缝隙且非分离的整体型服务的政府治理图式。具体如下：

第一，在环境监督管理事权划分上，要综合考虑各环境要素之间的要求以及某环境要素的资源开发、环境保护、生态维护的要求，建立具有综合性管理职权、统筹性的事权范围、较强监督管理权力的环境资源监督管理部门。该部门能够协调各方，实现环境保护的综合化。纵观世界环境立法史和环境保护行政管理史，环境行政部门一般都经历了从无到有，从小到大，从弱到强以及从单一的污染防治到污染防治、自然资源保护、自然生态保护等综合的发展过程。

第二，环境保护区域协同。区域协调既包括流域协同治理，还包括具有相同或者类似环境地理特征的区域的协同治理。流域协同（包括湖区协同）很早就得到了国际社会的关注。区域协同较之流域协同难度更大，因为流域具有自然的一体性，而权力运行的地域划分原则导致了区域之间的分立，协同要求一致行动，但是不同地域的利益却有差异。然而，大多数严重的环境问题需要相关地域之间共同协作努力，特别是水环境、大气环境等流动性较强的环境要素。区域协同小到村镇之间的垃圾处理，大至国际碳减排，都包括其中。近些年以来，区域协同治理问题越发受到我国环境法的关注，京津冀大气污染协同治理便是作为京津冀协同治理的重要部分。

第三，避免造成邻人损害。这既包括跨区域、流域的污染损害，也包括跨区域、流域的自然资源开发分成。前者如流域水污染损害、跨区域大气污染损害等。跨区域污染损害是环境法的重要命题。一个地方的开发容易影响其他地方的环境，例如，在水流上游建水电站，看似这个水电站仅仅在某省某市，但它会对整个水域产生影响，因为水电站的开发有可能导致泥沙沉积、野生动物灭绝，甚至生态、水源的变化，所以对环境的开发利用要注意不对其他区域造成损害，这也是国际法上的原则之一——不损害相邻人利益的原则。

当然也要看到环境的要素和地域之间的差异，在监督管理和治理时需要采用不同的方式方法，在统一管理之下要发挥地方的、部门的积极性。

三、环境的可恢复性与易损性

环境具有自我恢复能力，决定了人们可以对环境实施持续开发利用。但环境也容易遭受损害，这决定了人们应当实施保护环境的策略，从根本上讲，开发要和保护相结合。

(一) 环境的可恢复性和易损性的对立统一关系

环境具有自净能力，多数的自然资源和自然生态具有自我繁育功能。因此，环境具有可恢复性。正是这一特性，使得人类能够源源不断地从环境中获取生存和发展所需要的资源，并向环境排污。环境的可恢复性主要体现在以下三方面：①环境具有自净能力。向环境中排放污染只要没有超过环境自净能力的最大剂量、浓度和密集期，它就可以自我消化，实现环境的自我恢复。②自然资源具有再生功能。按照自然资源是否可以再生，可分为恒定资源、可再生资源和不可再生资源。多数的自然资源是可再生的，只要人们对其取用符合再生条件，不破坏其再生的环境并合理取用，即可以实现资源的再生。③自然生态具有自我繁育功能。对于自然生态，一般只需维持其原有状态，人们不去破坏它，生态系统就可以在自我运动中实现动态平衡。

环境的可恢复性有一个共同的前提——尊重生态环境的规律。简言之，就是有节制，排污要有节制，自然资源和自然生态的开发和取用也要有节制。相反，若恣意排放和取用，只顾利用不讲保护，就极容易导致环境、资源和生态被破坏。人类发展到近代以来，随着科学技术的进步，人类改造自然的能力迅速提升，对环境、资源和生态的威胁也急剧加大。现代环境问题主要是人为造成的，即人们无节制地开发利用导致环境污染、资源和生态破坏。因此，与可恢复性相对应的是环境的易损性。环境的易损性表现在任意排污、任意破坏、肆意掠夺将会导致环境、资源、生态难以恢复。环境易损的原因，一方面是生态环境的恢复必须具有一定的条件；另一方面是环境资源具有负外部性，(环境)外部不经济行为，在这里出现了所谓的市场失灵难题。人们有开发利用的冲动，却缺乏保护维持的动力。此外，环境和自然生态的恢复需要一定的周期，如果开发利用频率过高，未能给生态环境以恢复的周期，也会导致生态环境的质量下降乃至崩溃。

(二)环境的可恢复性与易损性对环境法的决定性作用

环境的可恢复性和易损性统一于环境，它对环境法的影响主要表现在以下几方面。

第一，决定了可持续发展理念的可行性。可持续发展作为现代环境法的核心理念，被国际社会广泛接受。可持续发展对环境法治理论的影响是一种全面的、总体的、深远的影响，涉及的范围广。2014年修正的《中华人民共和国环境保护法》在第一条增加了"可持续发展"的相关内容。可持续发展是对"零增长"和"先污染后治理"模式的批判与超越。一方面，鉴于环境具有一定的恢复能力，人类社会无须追求"零增长"，特别是对于发展中国家和欠发达国家，停止发展并非可行选项。只要采取科学合理的发展策略，生态环境便有可能得到自我修复，从而不必暂停发展进程。另一方面，生态环境的恢复能力是有限的，若超出其可承受的范围，环境可能遭受不可逆的污染或破坏，因此，我们不能继续沿用"先污染后治理"的旧有路径。综合这两方面的考量，人类社会必须致力于实现可持续发展。

可持续发展的核心在于有节制地发展，为生态环境提供恢复的机会，其本质在于追求高质量的发展。正是环境的可恢复性与脆弱性这一对立统一的特点，使得可持续发展成为可能并具有重要意义。

第二，决定了环境法应当实行预防原则。相对于事中监管，尤其是事后应急、补救和追责，事先预防在环境保护工作中应当占据优先、主导地位。由于环境具有易损性，环境一旦被损害，危害后果非常严重，且恢复难度大、成本高、效果不佳，因此必须坚持预防原则，防患于未然。相比于事后治理，预防不仅成本较低，而且效果好。

第三，决定了环境优先原则。环境优先是指环境的良好状态优先于物质财富的获取，若环境保护与经济社会发展相冲突，应当保护环境而不是相反。环境优先原则是基于环境的易损性提出的。

　　第四，决定了对不同的地域、不同的环境要素予以开发、利用和保护的方式，力度要区别对待，不宜"一刀切"。有些生态环境要素的可恢复性差，所需的恢复条件高，且一旦被破坏其后果非常严重，对这类环境要素就需要特别注重保护，如饮用水水源地、内陆干旱地的自然环境等。而另一些生态环境要素的可恢复性强，恢复门槛低，可以加大开发力度，如地热资源等。这对于从宏观上预防和解决环境问题非常必要。我国法治领域新近出现的国土空间规划制度对于环境保护意义重大，它区分了对不同地域的开发和保护态度。

第二章　环境法下环境保护法的原则与制度

第一节　保护优先原则与预防为主原则

"环境法典基本原则条款应当排除综合治理原则和损害担责原则，增加环境利益公平分配原则、风险防范原则和环境责任者负担原则，从而构建以可持续发展为内在意义脉络，保护优先原则、风险防范原则、预防为主原则、公众参与原则、环境利益公平分配原则和环境责任者负担原则相互协作和制约的环境法典基本原则体系。"①

一、保护优先原则

当前的社会主要矛盾已经由人民日益增长的物质文化需要同落后的社会生产之间的矛盾转化为人民日益增长的美好生活需要和不平衡不充分的发展之间的矛盾，人民美好生活需要的重要内容之一就是健康、优美的生态环境。《中华人民共和国环境保护法》（以下简称《环境保护法》）的条文表述为"环境保护坚持保护优先……的原则"，通过对该条文进行语言学分析，可知"保护优先原则"的完整表述应当为"环境保护优先原则"，为行文简便，下文使用保护优先原则这一表述。

（一）保护优先原则的背景

我国学术界除了有"环境保护优先原则"的表述外，相似的还有"环境优先原则""生态保护优先原则""生态优先原则"等。对于环境优先原则，其主要内涵是环保立法优先、环保规划优先、环评优先、环保投入优先以及环保指标的考核优先。

通常认为作为法律的原则应当体现出法的基本价值追求和社会发展的总

---

① 曹炜. 环境法典基本原则条款构建研究 [J]. 中国法学，2022(6)：113–133.

体目标。环境优先原则包括环境保护优先和环境恢复优先两方面的内容，其中环境保护优先要求环境利益优先及环境保护工作优先，环境恢复优先要求要预先设置纯环境损害的救济制度，但是，如果对"保护"进行广义的理解，对环境进行的"恢复"行为同样在对环境进行的"保护"这一范围之内。

对于环境保护优先原则，将其定义为在处理经济增长与生态环境保护之间的关系问题上，确立环境保护优先的法律地位，并将其作为法律准则来调整环保社会关系；在论述生态法的基本原则时涉及生态优先原则，在处理经济增长与生态保护关系时应当确立生态保护优先的法律地位。这里涉及环境保护与生态保护的关系问题。在《环境保护法》修订前，在经济社会发展过程中，处理经济利益与环境利益的冲突时应当优先考虑环境利益。

在《环境保护法》修订后，如果仅从保护优先原则的字面意思来看，可以说该原则仅指对环境的保护优先于对环境的开发利用，但这样解释就不能完整地处理环境保护与经济社会发展的矛盾，因此，应当将生态优先原则或者环境优先原则作为基本原则规定在环境法中，这就可以包含生态环境保护优先（或让位）于经济发展的相关内容。

对保护优先原则的解释仅仅从保护优先这四个字出发，并没有补足保护优先所保护的对象——环境，从而忽略了应当将环境法价值的内容在保护优先原则中予以体现，这就限缩了保护优先原则所应有的含义。另外，从《环境保护法》的立法目的条款、基本国策条款及基本原则条款的功能划分入手，认为保护优先原则中的保护是与发展相关联，其宏观性功能已经由目的条款和基本国策条款所实现，同时认为基本原则里的预防原则针对的是在科学上可以确定的环境损害，故此"保护优先"实际上就只能是风险防范原则，该风险防范原则针对的是暂时在科学上无法确定的环境损害风险，但从防止损害发生的目的角度来说，将风险预防归入预防原则的内容，可能会比较妥当。

对保护优先的解读也是不断发展和深入的，在《环境保护法》颁布前，环境法主要从经济发展与环境保护的优先顺序进行解读；新法颁布后，更进一步地从法律文本的整体性角度出发，提出了保护优先实际就是风险预防以及对环境的保护行为应当优先于开发利用行为等内容。

（二）保护优先原则的界定

法的基本原则体现着法的本质和根本价值，是整个法律活动的指导思想和出发点，构成法律体系中的灵魂，决定着法的统一性和稳定性。环境法的基本原则既是环境法基本理念在环境法上的具体体现，又是环境法的本质、技术原理与国家环境政策在环境法上的具体反映，它贯穿整个环境立法、执法、司法、守法的始终。保护优先原则作为我国环境基本法——《环境保护法》规定的基本原则之一，对其内涵进行科学、准确的探求，可以更好地贯彻落实环境基本法的基本理念和具体制度。

从法理学的角度来说，对法律进行解释，首先应当从法律条文本身入手，对其进行文义解释。根据《环境保护法》的规定可知，"环境"包括影响人类生存与发展的各种天然的和经过人工改造的自然因素的总体，并以列举方式说明了相关环境要素。

对于"保护"的含义，可以从人类与环境的关系来进行描述，即从整个生态系统来考虑人类在其中的地位与作用，可知人类与生态系统的其他部分共处于一个能量和物质的循环当中，人类获取与排放能量和物质，自然界便以输出与接纳能量和物质与之相对应，这样便形成了一种人与自然物质、能量和信息的交流关系，而这种交流关系实际上就是人类通过各种方式、途径对环境的利用过程。

人类与环境之间的关系是一种利用关系，即人类通过对环境的开发利用行为来获取自然界的能量与物质，因此，保护优先中的"保护"就是人类对环境进行的保护行为，这与人类对环境的开发利用行为相对应。综上所述，从人类对环境所为的行为角度来看，保护优先原则是指人类对环境的保护行为应当优先于人类对环境的开发利用行为，这种保护不仅强调对已破坏的环境进行事后的修复性保护，同时也是对未破坏的环境进行事前的预防性保护。

从规则或制度合理化的意义上来说，人们把原则认为是以一贯的、相互联系的和期望的基本目标来说明详细的规则和具体的制度，因此，法律原则是规则和价值观念的汇合点。环境保护优先作为环境法的基本原则之一，同样应当体现环境法的价值观念，并将其作为抽象意义上的法律价值来指导相关环境法规范中的具体法律制度。

因此，对该原则的解读应当从环境法规范的整体角度出发，结合《环境保护法》的立法目的、基本国策，以此来明确其内涵。《环境保护法》规定了立法目的，表明该法的最终目的是"促进经济社会的可持续发展"，保护环境不仅是为了保护和维持人类生存和发展的物质基础，同时也是推进生态文明建设的根本途径，而生态文明建设就是要尊重自然、顺应自然、保护自然。由此可见，生态文明建设就是环境领域的可持续发展目标，这将作为人类社会经济可持续发展目标的一部分而得以实现。

环境法将保护环境规定为国家的基本国策，同时明确了经济发展与环境保护的关系，就是采取一切有利于环境保护的经济的、技术的一些政策及措施来使经济社会发展与环境保护相协调。可见，生态文明建设追求的是环境利益的实现，而基本国策为实现环境利益保驾护航。

保护优先原则就是通过保护行为的实施来追求环境利益的可持续。要评价生态环境质量是否改善，就应当有一定的基准，只有达到或超越这个基准，才能使保护行为的结果称得上是对生态环境质量的改善，保护行为才具有实际意义。以开发利用行为的对象为基础，可以认为环境保护行为的基准包括环境质量标准、资源利用上限以及生态保护红线。这些基准并非一成不变，是要随着经济发展和科技的进步不断予以提高，以满足人类对舒适环境需求的不断增加。

（三）保护优先原则的地位及实现

保护优先原则，是指在对待经济社会发展和环境保护之间的关系上，应当坚持环境保护的优先性，即在经济社会发展过程中，当环境保护与经济社会发展出现冲突时，应将环境保护目标作为优先选择。

1. 保护优先原则的地位

保护优先原则强调环境保护在经济社会发展中的重要地位，体现了对环境保护的高度重视。该原则并不排斥经济发展，而是倡导在发展过程中优先考虑环境保护，以实现经济社会的可持续发展。通过坚持保护优先，可以促进发展模式的转变，实现经济发展与环境保护的和谐共进。只有当保护优先原则得到有效实施，发展方式的转变才能得到加速。此外，那些能够率先并切实执行保护优先原则的个体或地区，将有可能在新一轮的发展竞争中占据有利位置。因此，保护优先不仅是环境保护的需要，也是推动经济社会向更高质量、更可持续方向发展的战略选择。

因此，就法律地位而言，保护优先原则在连接《环境保护法》立法目的与制度设计中起核心作用，是预防为主、综合治理、公众参与和损害担责原则的上位原则，这些原则关系到保护优先原则的实现方式、途径以及最终可能的实现程度。可以说，保护优先原则是《环境保护法》基本原则中最为基础的准则。

2. 保护优先原则的实现

体现保护优先原则，关键在于正确认识环境保护与经济发展的关系，实现环境与发展的综合决策。将环境与发展对立起来或将它们看作两个相互独立的问题，并不能真正地解决已经出现的严重的环境问题，为保护环境而限制发展或者为发展而牺牲环境都可能引发更多更大的环境问题，也与现代环境保护的精神背道而驰。因此，只有在可持续发展观指导下，将环境与发展综合起来进行考量，才是贯彻实施保护优先原则唯一正确的选择。

所谓环境与发展综合决策，是指在决策过程中对环境、经济和社会发展进行统筹兼顾，综合平衡，科学抉择。也就是说，从决策开始就要在环境、经济、社会之间寻找最佳结合点，使三者尽可能地协调、协同，实现经济发展、社会进步和环境改善。

二、预防为主原则

预防为主原则，是指应当采取各种预防措施，防止在开发和建设活动中产生环境污染和破坏。

(一) 预防为主原则的内涵

预防为主原则的基本要求是积极预防环境被污染和破坏，即运用已有的知识和经验，对开发和利用环境行为可能带来的环境危害事前采取措施以避免危害的产生。同时，在不确定的条件下，应当谨慎采取行动以避免环境风险。

中国一直都将"预防为主、防治结合"作为《环境保护法》的基本原则。

预防为主意味着"将环境保护的重点放在事前防止环境污染和自然破坏上，同时也要积极治理和恢复现有的环境污染和自然破坏，以保护生态系统的安全和人类的健康及其财产"。从某种意义上说，"预防"是环境保护法律及其制度所具有的最大特点所在。

目前，备受国际社会关注的臭氧层破坏、全球变暖、生物多样性减少等现代环境问题不同于传统环境问题的一个重要特征，就是存在太多科学上不能确定的因素，这是人类科学认识的局限。

在这种情境下，如果持续采取观望和等待的态度，直到科学上能够确切证明环境危害的因果关系才采取行动，可能会导致错失防范和治理的最佳时机。在这种情况下，关键不仅在于采取预防措施的必要性，更在于采取措施的及时性。因此，即便缺乏充分的科学证据，只要存在可能导致严重的或不可逆转的环境损害的风险，就应当采取预防性措施。面对环境问题和潜在的环境风险，预防原则的内涵应当得到扩展，不仅关注当前确定的环境风险，也应重视对未来可能出现的环境风险的预防。

（二）预防为主原则的实现方法

1. 全面规划和合理布局

规划是有效实现预防的根本和前提。全面规划就是对工业和农业、城市和乡村、生产和生活、经济发展和环境保护等各方面的关系通盘考虑，根据生态空间的自然资源承载能力确定发展规模和速度，进而制定国土利用规划、区域规划、城市规划与环境规划，使得各项事业得以协调发展并不破坏生态平衡。

合理的工业布局应注意以下方面：

（1）适当利用自然环境的自净能力。

（2）加强资源和能源的综合利用。

（3）大型项目的分布与选址，尽可能减少对周围环境的不良影响。

（4）严禁污染型工业建在居民稠密区、城市上风向、水源保护区、名胜古迹和风景游览区、自然保护区。

县级以上人民政府应当将环境保护工作纳入国民经济和社会发展规划。国务院环境保护主管部门会同有关部门，根据国民经济和社会发展规划编制国家环境保护规划，报国务院批准并公布实施。县级以上地方人民政府环境保护主管部门会同有关部门，根据国家环境保护规划的要求，编制本行政区域的环境保护规划，报同级人民政府批准并公布实施。环境保护规划的内容应当包括生态保护和污染防治的目标、任务、保障措施等，并与主体功能区规划、土地利用总体规划和城乡规划等相衔接。这为预防为主原则的实现提供了基础性保障。

2. 建立健全预防性的环境保护法律制度

制定和实施具有预防性的环境资源管理制度和法律制度，强化环境资源的监督管理，加强环境监测，严格控制新的环境资源污染和破坏的出现，对已经造成的环境资源的污染和破坏要积极进行治理。有害物质的排放，必须遵守国家和地方规定的标准，严禁超标排放。进一步加强城市和农村的环境综合整治。进一步健全和改进环境影响评价制度、排污申报登记制度、排污许可证制度、现场检查制度、限期治理制度、建设项目环境管理制度、污染物总量控制制度、污染集中治理制度、综合利用制度等各种防治环境污染和环境破坏的法律法规和管理制度。

3. 加强环境科学技术研究，提高环境科学技术水平

现代环境问题的解决，特别是环境污染的预防与治理，在根本上取决于环境科学技术水平。中国目前的环境污染和环境破坏比较严重。但由于各种原因，特别是受环境科学技术水平的限制，所采取的预防和治理措施并没有取得预想的效果。因此，为了达到预防和治理环境污染与保护环境和资源的目的，必须大力加强环境科学技术的研究，提高环境科学技术水平。同时，要密切关注国际上有关的先进技术信息和经验，及时、积极地予以采纳。

第二节　公众参与原则与综合治理原则

一、公众参与原则

"在我国现行的《环境保护法》中，公众参与原则是一项极为重要的内容，其是科学有效解决社会生态环境问题的关键途径，社会公众参与生态环

境保护的程度，往往能够体现出一个国家的生态环保意识与城市生态文明发展程度。"①

公众参与原则，也称为环境民主原则，是指在环境保护领域，公众要通过一定程序或者途径参与一切与环境利益有关的决策活动，使得该项决策符合广大公众的切身利益。

（一）公众参与原则的内涵

环境问题的复杂性意味着任何可能对环境造成影响的活动都可能引发广泛的连锁反应。当地居民对于他们所处环境的需求和期望有着直观的了解，因此，他们的意见应当被充分听取和尊重。同时，考虑到获取环境信息的成本较高，政府管理人员难以掌握所有相关信息，单靠政府的力量难以单独承担环境保护的重任。

推动公众参与环境保护工作，能够广泛收集公众意见，尽可能地获取相关信息。这不仅有助于调动社会各界的力量，发挥公众在环境保护方面的积极性、主动性和创造性，还能将环境保护工作置于公众监督之下，从而提高环境保护工作的效果和效率。

（二）公众参与原则的实现方法

公众参与原则的有效实现，需要从建立完善的保障公众参与的制度入手。在现实生活中，公众参与有两种形式：制度内参与和制度外参与。前者指陈情、听证、提意见等；后者指抗议、堵场及各种暴力行为等。从根本上说，需要将公民制度外参与引导至制度内参与，对公众的行为进行因势利导，赋予公众参与政府环境决策的权利。广泛而有效的公众参与是推动环境保护与可持续发展的根本力量与核心着力点，其不仅可以构成对环境违法以及环境执法中"权力寻租"的遏制性力量，也是促进环境决策合理化、科学化的建设性力量。具体而言，要在实践中贯彻、落实公众参与，以下方面不可或缺。

1. 确立公众参与的权利

通过宪法和环境保护基本法确立公民环境权，是实现民主和公众参与的最具有决定性的因素。从宪法法律相关条款来看，公民所享有的环境权，

① 栾靖.《环境保护法》中的公众参与原则研究 [J].法制博览，2023（17）：33—35.

包括公民在有关环境事务方面的知情权（了解获取环境信息的权利）以及参与环境事务的讨论权、建议权等具体权利。

2. 制定公众参与的法律

在宪法和环境基本法确立公民环境权的基础上，还应该有专门的法律或法规规定公众参与，以使公众参与原则具体化。专门立法至少应做到：①充分保障公民知情权。依据《环境保护法》的规定，各级政府和相关企业应当定期向公众发布环境信息，保证公众环境知情权的实现。②建立公众参与决策制度。政府对某一环境资源问题或事务在作出决定或制定规章前，应主动向公众征求意见，听取公众的反映并将其 作为决策的参考，同时鼓励和保障公众对环境资源问题或事务自由发表意见。③推动、完善公众参与环境影响评价等环境管理活动。公众参与已成为环境影响评价制度的一个重要环节和特点。各国在这方面都有许多成功经验，中国应充分借鉴。

3. 建立环境诉讼机制

环境诉讼作为公众参与环境治理的一种关键途径，在政府机关未能履行环境法规所赋予的责任或从事违法行为时，相较于批评、建议、申诉、抗议等手段，具有更为显著的影响力和约束力。政府环境管理部门及其工作人员在面对各种压力、私利诱惑或个人偏见时，可能会采取不当或违法的行政行为。在这种情况下，若缺乏公众以第三方身份进行监督和抵制，违法行为可能难以得到有效地遏制。

因此，环境诉讼不仅为公众提供了一个表达关切和维护权益的平台，而且对于促进政府环境管理部门及其工作人员依法行政、提升环境治理效能具有重要意义。通过法律途径，公众可以对环境违法行为进行挑战，推动环境法规的执行和遵守，从而有效地维护生态环境的整体利益。

4. 发展民间环境保护社会团体

把公众组织起来，成立民间环境保护团体，开展环境保护宣传、学术交流、环境保护科技成果推广等活动，将有效地提高全民族的环境意识，并为政府在决策方面提供参考意见。目前，许多国家的法律都规定公民有权依法成立旨在保护环境的社会团体，民间环境保护团体可以在保护环境资源、促使环境问题的解决、监督政府依法行政等方面发挥不可替代的积极作用。因此，推动、发展民间环境保护社会团体，是实现公众参与原则的组织保证和社会基础。

5.完善程序保障机制

公众参与的真正目的是建立一种程序性机制，以确保国家的环境政策、环境目标与公众参与结合起来，共同注入到政府所采取的行动中去。只有在公平合理的法律程序中，那些利益受到程序结果直接影响的人才能得到基本的公正对待。只有将法律程序本身的正当性、合理性视为与实体结果的公正性具有同等重要意义的价值，才能在法律实施过程中符合正义的基本诉求。在一定意义上，程序的平等性就是参与的平等性。程序只是为了参与者可预知及理性而设立，而可预知及理性显然有助于保护当事人的自尊心。因此，只有让公众充分参与政府决策程序，才能真正实现公众参与；也只有让公众享有充分的决策权，才能增加公众对于政府决策的认知和接受，使政府的权威得到加强。

二、综合治理原则

综合治理原则，是指针对已经造成的环境污染和破坏，综合采取多种措施防止损失的扩大，同时运用技术手段治理污染、恢复生态，将对环境的影响降到最低限度。

(一) 综合治理原则的内涵

综合治理原则主要通过环境治理制度实现，即对于已有的环境污染和破坏要予以积极治理，并注意运用各种手段进行综合整治，针对区域性环境污染和破坏采取重新规划、限制排污、清除污染、恢复生态等各种措施以改善环境质量。

《环境保护法》规定的预防为主、综合治理是一项统一的基本原则。需要注意的是，预防为主和综合治理两者尽管具有内在联系，但还是应当作一定的区分。预防为主、采取事先防范措施固然是应对环境污染和破坏的理想方式，但从目前的环境问题现状来看，仅有预防远远不够，还必须在治理上下功夫：一方面，环境污染和破坏已经十分严重，而且在局部地区有些环境要素方面还有继续发展的趋势，即便现在采取治理措施，也可能还会在高污染区域持续相当长时期；另一方面，预防措施毕竟是对未来的预测，由于人类理性的有限性和科学技术的局限性，总有失效的可能，对于预防措施的失败，也必须及时采取治理措施加以补救。因此，不能忽视环境治理。在预防新的环境污染和破坏的同时，根据既成环境污染和破坏的具体情况及自然规律，改变单纯治理的思路，采取综合整治措施，从预防和治理两个方面发力才能更好地解决环境问题，实现环境公共利益。

（二）综合治理原则的实现方法

1. 建立环境保护责任制度

建立环境保护责任制度是贯彻综合治理的基础和前提。环境保护责任制度以环境保护法律规定为依据，把环境保护工作纳入计划，以责任制为核心，以签订合同的形式，规定企业在环境保护方面的具体权利和义务的法律责任。

建立环境保护责任制度包括排污者的环境污染防范义务、排污单位负责人的责任、重点排污单位的环境污染监测义务、严禁逃避监管的行为、缴纳排污费五个方面的内容。其具体包括：

（1）向环境中排放污染物的企业事业单位，以及个体工商户等其他生产经营者，应当提前或者及时采取有效的措施，防止生产建设或者其他活动中产生的废气、废水、废渣、医疗废物、粉尘、恶臭气体、光辐射、放射性物质以及噪声、震动、电磁辐射造成环境污染。

（2）向环境中排放污染物的企业事业单位，要将环境保护纳入单位发展计划，制定明确的环境保护任务和指标，明确单位环境保护负责人和相关人员，明确排污单位的权利和义务、负责人的权利和义务，落实到生产管理、技术管理等各个方面和环节，并建立考核和奖惩制度。

（3）列入重点排污名录的单位向环境中排放污染物，必须安装符合规定和监测规范的监测设备，并应该确保监测设备能够正常工作，监测所获得的原始监测数据要妥善保存以备查。

（4）禁止通过私铺暗管、私打渗井、私挖渗坑、偷偷灌注，私自篡改或伪造数据，以及不正常防治污染设施等逃避监管的方式，并禁止排污单位通过上述行为将排放的污染物排放到地下水体、地表水体，或者将污染物掩埋、深埋到地下，或者篡改、伪造排污数据等以逃避排污责任。

（5）排放污染物的企业、事业单位和其他生产经营者，应当按照国家有关规定缴纳排污费。征收的超标准排污费必须用于污染的防治，不得挪作他用。

2. 促进科学技术的研究、开发与应用

科学技术是解决环境问题的关键因素，发展环境保护科学技术是保护环境必须依赖的途径。科学技术的发展要依靠社会的力量，科学的制度设计可以推进科技发展和进步，目前专利等法律制度即发挥这方面的作用。由于环境保护目标的公共性，在环境保护科学技术领域仅依靠一般的科技法律制度不足以达到提高环境保护科学技术水平的目标，进而需要国家的特别政策支持，这也是多数国家支持环境保护工作的通行做法。因此，《环境保护法》规定："国家支持环境保护科学技术研究、开发和应用，鼓励环境保护产业发展，促进环境保护信息化建设，提高环境保护科学技术水平。"这一规定确立了环境保护科技发展的国家支持制度，明确了提高环境保护科学技术水平的总目标以及实现这一目标的途径和措施，为深入贯彻实施综合治理原则提供了科

3. 建立政府财政支持制度

环境保护作为一项公共事业，除了通过追究开发者、污染者责任、要求消费者承担环境保护义务来推进之外，仍需要政府做大量工作，依法完善环境保护制度规范、出台和实施环境保护政策措施都是政府应当履行的职责。投入财政资金、推进环境保护工作是政府履行环境保护职责的直接途径，法定的环境整治义务、环境质量改善义务以及建立和管理自然保护区、管理和养护特殊生态区域等都是政府履行环境保护职责的具体方式，也都需要财政资金的投入。

财政支持制度具体分为两个层次：

（1）通过法律明确各级人民政府加大环境保护财政投入的义务，投入的范围包括各类污染治理工程和计划、重点区域的环境整治、特定区域的生态恢复、环境保护的经费补贴等。

（2）政府要对财政资金的使用效益负责，要采取各种措施保证财政投入的环境治理效果、获取最大的环境收益，避免低效投资和浪费。效益主要体现为环境整治效果、环境质量改善、生态环境恢复、环境损害减少等方面。

4.建立经济激励制度

经济刺激是利用市场机制、激发环境保护主体内在动力的方法，尽管其中政府的调控和干预色彩依然很重但已不再仰仗直接的命令和控制模式，转而采用间接的刺激和诱导。这样，可以在一定程度上改变"企业污染—政府买单"的被动局面，发挥企业、社会参与环境保护的积极性、主动性。当前，在很多国家，特别是在发展中国家，命令控制型环境政策仍然是环境管理的主要手段，但是命令控制型政策需要庞大的执行队伍和高额的执行成本。为降低环境政策的执行成本，同时获得理想的环境效果，许多国家在环境管理实践中，更加注重运用以市场为基础的经济手段，形成了一系列有利于环境保护的经济政策和手段，也取得了良好效果。

第三节 环境监督管理制度与保护和改善环境制度

一、环境监督管理制度

环境监督管理制度是根据特定的任务和目的，以《环境保护法》基本原则为指导建立起来的具有重要作用的法律制度，是上升为法律规范的环境监督管理的行政、经济、技术措施及手段，违反这些制度，行为人要承担相应的法律责任。

环境监督管理制度主要包括环境规划制度、环境影响评价制度、环境标准制度、环境监测制度。国家承担积极地改善环境质量的义务，是环境权的内在要求。建立完善的环境监督管理制度是国家承担环境保护责任最为基础和有效的手段之一。中国的环境监督管理制度是将国家层面的环境监管任务依法分解到地方层面加以实施，实行国家与地方双重负责，以行政区域或者自然区域管理为核心进行环境监管，地方政府对辖区内的环境质量负责。

（一）环境规划制度及其实施

1.环境规划制度的内涵

环境规划制度，是指环境规划工作的法定化、制度化，是通过立法形成的关于环境规划工作的基本制度。环境规划是对环境保护工作的总体部署和行动方案，也是对一定时间内环境保护目标、基本任务和措施的规定。通过规划对环境资源的开发利用和保护进行事前安排，决定环境资源可利用总量，是实施总量控制的基础，能更好地确定环境与发展之间的平衡点。世界各国在寻求协调环境与发展的合理战略中，规划制度是其中的重要措施。

现行环境保护规划类型众多，仅涉及空间资源的利用就有城乡规划、土地利用总体规划、环境规划等多项规划。为实现规划的最大效益，必须提高各种规划之间的相互协调性，改革规划体制，为建立起统一衔接、功能互补、相互协调的空间规划体系奠定基础。

2. 环境规划的编制及实施

国家环境保护规划是全国环境保护工作的基础。国务院环境保护主管部门会同有关部门依法行使国家环境保护规划的编制权，根据国民经济和社会发展规划编制国家环境保护规划及区域环境保护规划，且环境保护规划的内容必须与主体功能区规划、土地利用总体规划和城乡规划等相衔接。国务院依法行使国家环境保护规划的批准权。地方环境保护规划是县级以上人民政府对本行政区域内环境保护工作的总体部署，它根据国家环境保护规划的要求制定并由同级人民政府批准并公布。环境规划具有法律效力，各级人民政府应当认真组织实施，并将其实施情况纳入地方政府环境保护目标责任制考核内容，层层建立环境目标责任制。

环境规划的编制要遵循"多规合一"要求，按照"统一标准""一致流程""一套规章""职责明确"的要求，构建协作、均衡、稳定、和谐的规划管理体系。环境规划的编制要有科学依据，要以生态承载力为基础。生态承载力有两层基本含义：①生态系统的自我维持与自我调节能力，以及资源与环境子系统的供容能力，这是生态承载力的支持部分；②生态系统内社会经济子系统的发展能力，这是生态承载力的压力部分。生态系统的自我维持与自我调节能力，是指生态系统的弹性大小，资源与环境子系统的供容能力则分别指资源和环境的承载能力大小；而社会经济子系统的发展能力，是指生态系统可维持的社会经济规模和具有一定生活水平的人口数量。

环境规划的编制是一个科学决策的过程，其程序包括对象调查、历史比较及有关环境问题的分类排序、目标导向预测、拟制方案、批准与公布等，最终形成有法律效力的规划。

环境的整体性决定任何地方都无法独善其身。《环境保护法》规定，国家建立了区域、流域联防联治制度，明确要求对跨行政区域的重点区域、流域环境污染和生态破坏实行统一规划、统一标准、统一监测、统一的防治措施，这对环境规划编制提出了更高的要求。

（二）环境影响评价制度及其范围

"在当前环境保护形势下，环境影响评价制度能对当前的开发建设行为进行分析，明确每个项目产生的环境影响，提早做好环境保护措施，最大限度降低对环境的影响。"[①]

1. 环境影响评价制度的内涵

环境影响评价，是指对政策、规划和建设项目实施后可能造成的环境影响进行调查、分析、预测和评估，提出预防或者减轻不良环境影响的对策和措施进行跟踪监测并实施防治环境污染和破坏的措施及方法。环境影响评价制度，是环境影响评价活动的制度化和法定化，是通过立法确定环境影响评价活动的相关规则，是一项具有预测性和综合性的环境保护基本制度。

环境影响评价制度与环境容量密切相关。环境影响评价源于对环境容量的关注，并伴随着环境容量的增减而发展，实施环境影响评价的最终目的也是基于环境容量的考量，提出预防或者减轻不良环境影响的对策和措施。为发挥对环境容量的最大效用，环境影响评价制度应以强化制度有效性和事前、事中、事后监管为目标，与总量控制制度、三同时制度、排污许可制度等进行融合，从微观管理向宏观控制转型，从源头管理向排污口管理转型，从静态管理向动态管理转型，从前端服务向过程服务转型。通过健全和完善规划环境影响评价、项目环境影响评价和战略环境影响评价制度，将环境容量、环境标准、功能分区、产业布局落实到政府的宏观经济发展决策中，真正实现地方政府对环境质量负责。

2. 环境影响评价的主要范围

（1）规划环境影响评价。对规划进行环境影响评价，旨在协助政府在规划中充分考虑环境因素，消除和降低因规划失误和考虑不周造成的环境影响，从源头上控制环境问题的产生。

---

① 胡有缘，康方燕. 浅谈环境影响评价制度 [J]. 清洗世界，2023，39（12）：100-102.

第一，综合规划。按照法律规定，土地利用规划和区域、流域、海域的建设、开发利用规划，应当进行环境影响评价。

第二，专项规划。专项规划分为指导性规划和非指导性规划。指导性的专项规划主要是指提出预测性、参考性指标的一类规划；非指导性专项规划是指指标和要求比较具体的一类规划。两类专项规划适用的评价方法不同。

进行规划环境影响评价，目的在于准确定位经济和社会的发展。比如，不能在严重缺水地区发展高耗水工业和产业；不能在严重缺乏资源和能源的地区发展重工业；不能在江河湖海流域敏感区发展重化工企业；不能在环境条件特别恶化的地区开发人类居住区。根据环境、资源、生态确定优先开发区、重点开发区、限制开发区和禁止开发区。

（2）建设项目环境影响评价。根据环境影响评价法和《建设项目环境保护管理条例》的规定，凡是从事对环境有影响的建设项目都必须进行环境影响评价，范围包括工业、交通水利、农林、商业卫生、文教、科研、旅游、市政等对环境有影响的一切基本建设项目、技术改造项目、区域开发建设项目、引进的建设项目等。

（3）经济、技术政策环境影响评价。政策环境影响评价，是将环境影响评价置于重大宏观经济社会决策链条的前端，通过对环境进行数理分析预测及综合评价，科学理性地安排重点区域开发、生产力布局、资源配置和重大项目建设的过程。与处于决策链中末端的行业或地区规划、具体建设项目相比，处于决策链源头的宏观政策对环境显然更具全局性、持久性的影响，一旦决策失误造成的环境灾难将难以估量。因此，政府在制定技术、经济政策的过程中，应该充分考量政策对环境可能造成的影响以提高决策的质量，建立起综合环境经济、社会多种因素的多位一体决策机制。

（三）环境标准制度及其实施

1. 环境标准制度的内涵

环境标准是国家根据人体健康、生态平衡和社会经济发展对环境结构、状况的要求，在综合考虑本国自然环境特征、科学技术水平和经济条件的基础上，对环境要素间的配比、布局和各环境要素的组成以及进行环境保护工作的某些技术要求加以限定的规范。

环境标准制度主要内容为技术要求和各种量值规定，为实施《环境保护法》的其他规范提供准确严格的范围界限，为认定行为的合法与否提供法定的技术依据。环境标准是环境立法的科学依据，是环境评价的技术基础，是环境管理的重要手段。环境标准发展的快慢、水平的高低，决定了环保工作的先进与落后。

环境标准制度是随着环境保护法制的建立而逐步发展起来的，是环境保护的技术规范和法律规范有机结合的综合体。

2. 环境标准的主要内容

环境标准的内容，是在环境基准的基础上，综合环境保护、公众健康、社会发展等各种因素确定的一个标准数值。环境标准内容的确定，要以促进人与自然和谐相处为向度，既体现控制污染、保障公众健康的价值取向，又体现自然资源节约利用、循环利用的现实需要；既要满足人类的物质需要，也要注重环境保护及防止资源浪费。

环境标准总体上可以分为三级五大类，三级指国家环境标准、生态环境部制定的行业环境标准和地方环境标准，五大类指环境质量标准、污染物排放标准、环境监测方法标准、环境标准样品标准和环境基础标准。环境标准还可以分为强制性环境标准和推荐性环境标准。

《环境保护法》规定国家鼓励开展环境基准研究。环境基准，是指环境中污染物对特定保护对象（人或其他生物）不产生不良或有害影响的最大剂量或浓度，是一个基于不同保护对象的多目标函数或一个范围值。环境基准主要是通过科学实验和科学判断得出，它强调"以人（生物）为本"及自然和谐的理念，是科学理论上人与自然"希望维持的标准"。环境基准和环境标准是两个不同性质的概念，环境基准是科学术语，由环境物质与特定对象之间的"剂量—效应"关系确定，不包含社会、经济、技术等人为因素，也不具有法律效力，但它是制定环境标准的基础和科学依据。环境标准规定的环境有害化学组分或物理因素的容许浓度（或剂量、强度）原则上应小于或等于相应的环境基准值，是环境保护工作的"自然控制标准"，是国家进行环境质量评价、制定环境保护目标与方向的前提依据。因此，进行环境基准研究意义重大。

3. 环境标准的实施重点

环境标准制度内容丰富，地位重要。在实施中，须注意以下几方面。

（1）环境标准之间的内容衔接。环境标准的实施首先需要注重各类标准之间的内容衔接。环境标准体系包括环境质量标准、污染物排放标准、环境监测方法标准等多个方面，这些标准之间存在着密切的联系和相互影响。环境质量标准的制定应基于对生态系统和人类健康的科学认识，而污染物排放标准的设定则需考虑到环境质量标准的约束力。

（2）环境标准的指引性与强制性的有机结合。环境标准的实施还需要把其指引性与强制性有机结合起来。其指引性体现在环境标准为排污单位提供了明确的排污行为指南，如排放限值、排放方式等，帮助其合法合规地进行生产活动。而其强制性则体现在对超标排污行为的法律制裁上，通过立法和执法手段，确保所有排污单位都必须遵守环境标准，对违反标准的行为进行处罚，以此形成有效的环境管理机制。这种指引性与强制性的结合，既能够引导排污单位主动采取环保措施，又能够通过法律手段保证环境标准的权威性和执行力。

（3）环境标准制度的完善与环境保护制度的整体构建。环境标准的实施还需要与其制度环境相适应，即把环境标准制度的完善融入环境保护制度的整体构建之中。环境标准体系的完善不仅仅是技术层面的工作，更需要考虑到政策、法律、经济等多方面的因素。环境质量标准的制定应当科学、合理，既要考虑环境的承载能力，也要兼顾社会经济发展的需要。同时，环境标准的实施还需要与其他环境保护制度相结合，如环境规划制度、环境影响评价制度、生态补偿制度等，形成一个多层次、多角度的环境保护法律体系，确保环境标准的实施能够在更广泛的环境保护工作中发挥其应有的作用。

（4）政府在环境标准实施中的责任。在环境标准的实施过程中，政府扮演着至关重要的角色。省级地方政府在制定地方环境质量标准时，需要充分考虑本地区的环境特点和经济社会发展水平，科学合理地设定适用数值。同时，政府环境保护或其他主管部门在执行环境标准时，必须严格依法行政，确保环境标准的执行力度和效果。此外，政府还需要承担起相应的法律责任，对环境标准的实施效果进行监督和评估，对未能达到环境标准要求的行为进行及时纠正和处罚。

（5）环境与健康监测、调查和风险评估制度的建立。环境标准的实施还需要建立和健全环境与健康监测、调查和风险评估制度。环境问题往往与公众健康密切相关，因此，开展环境质量对公众健康影响的研究，对于环境标准的科学制定和有效实施具有重要意义。通过建立完善的环境监测网络，可以及时掌握环境质量的变化情况，为环境标准的调整和完善提供数据支持。同时，通过环境健康风险评估，可以识别和预防环境污染对公众健康的影响，采取有效措施预防和控制与环境污染有关的疾病。

二、保护和改善环境制度

保护和改善环境制度，是指为防止生态破坏、维持生态平衡，保护环境、改善环境要素、提升环境质量的法律制度的总称。它是对生态保护和环境改善各项工作的法定化和制度化，是保护和改善环境方面的基本规范。保护和改善环境的主要目的在于保证自然资源的永续开发利用，支持所有生物的生存能力。生态保护红线制度、生态补偿制度、环保督政问责制度等，都是对这一理念的贯彻。

（一）生态保护红线制度及其内容

1. 生态保护红线制度的内涵

生态保护红线制度是环境保护制度的重要创新，它是指在自然生态服务功能、环境质量安全、自然资源利用等方面，实行严格保护的空间边界与管理限值，以维护国家和区域生态安全及经济社会可持续发展，保障人群健康的法律规定。

2. 生态保护红线制度的主要内容

（1）生态保护红线的划定。生态保护红线，是指对维护国家和区域生态安全及经济社会可持续发展，保障人民群众健康具有关键作用，在提升生态功能、改善环境质量、促进资源高效利用等方面必须严格保护的最小空间范围与最高或最低数量限值。具体包括生态功能保障基线、环境质量安全底线和自然资源利用上线，可简称为生态功能红线、环境质量红线和资源利用红线。

生态功能红线，是指对维护自然生态系统服务、保障国家和区域生态安全具有关键作用，在重要生态功能区、生态敏感区、脆弱区等区域划定的最小生态保护空间；环境质量红线，是指为维护人居环境与人体健康的基本需要，必须严格执行的最低环境管理限值；资源利用红线，是指为促进资源、能源节约，保障能源及水、土地等资源安全利用和高效利用的最高或最低要求。基于环境容量不同，在不同主体功能区发展中应做到：①禁止开发区，必须与生态补偿制度相结合，强调生态产品和生态服务的价值；②限制开发区，必须与总量控制和规划环境影响评价相结合；③优化开发区和重点开发区，必须与当地发展方式转变、产业结构调整相结合。生态红线划定的主体对象是重要生态功能区、生态敏感区和生态脆弱区。

（2）生态保护红线的功能。生态红线的主要功能是重要生态服务保护、人居环境保障和生物多样性保育。划定生态红线的主要目的是保护对人类持续繁衍发展及经济社会可持续发展具有重要作用的自然生态系统。通过划定生态红线，可以进一步优化生态安全格局，增强经济社会可持续发展生态支持能力，保障国家安全。

第一，重要生态服务功能保护区红线是国家生态安全的底线。划定重要生态服务功能保护红线，首先应明确其分布范围，然后围绕它的主导生态功能，开展生态服务功能重要性评价，最终在空间上确定最需要保护的核心生态服务功能区域。重要生态服务功能保护区红线的划定，既保护了区（流）域范围"自然—社会—经济"复合生态系统中供给生态服务的关键区域，也能够从根本上解决资源开发与生态保护之间的矛盾。

第二，生态脆弱区和敏感区生态红线是人居环境与经济社会发展的基本生态保障线。划定生态脆弱区和敏感区红线，应基于区域主要生态环境问题，明确典型生态系统服务功能、资源利用与人类活动的相互作用关系及空间范围。例如，荒漠绿洲交接区保护红线需要明确沙漠化过程与周边人类活动干扰和水资源利用之间的相互作用过程。通过生态脆弱性和敏感性及生态服务功能重要性评价，根据区域地理特征、生态结构和生态服务功能差异，统筹划定生态脆弱区和敏感区保护红线，构建国家人居环境屏障格局，为人居环境安全提供有力的生态保障，为协调区域生态保护与生态建设提供支撑。

第三，生物多样性保育区红线是关键物种与生态资源的基本生存线。

划定生物多样性保育区红线，应选择稀有程度强、濒危等级高、受威胁程度大的关键物种和生态系统作为生态红线的保护对象。要在国家层面选取重要的动植物物种和生态系统，开展濒危性、特有性及重要性评价活动。然后，收集、遴选关键物种和生态系统的分布信息，确定其分布范围及当前保护空缺，以维护物种和生态系统存活的最小面积为原则，最终划定生物多样性保育红线，以维持关键动植物物种和生态系统的长期存活，为生物资源保护与持续利用提供基本保障。

（3）生态保护红线功能的实现。

第一，建立资源环境生态红线制度和预警机制。基于国土安全和环境风险管理，确定不同尺度上的生态空间、资源环境容量，为严控各类开发活动逾越生态保护红线奠定基础。依照科学基础、法律规定和相关程序，征求利益相关方意见，考虑合理范围、可操作性和保障能力，科学划定生态红线，促使自然资源得到可持续开发利用，保障环境质量只能更好、不能变坏，保护和修复各类资源的生态功能。在此基础上，建立资源环境生态监测评估体系和预警机制。

第二，制定三级递进机制构建保障体系。应建立以行业机构科研为先导，以政府决策、管理为主导的"监测监察—预测预警—法律法规"三级递进的生态红线保障机制，重点解决综合决策、区域协调、管理体制等突出问题，逐步建立、完善国土生态安全的法律、法规保障体系，切实保护生态红线。

第三，建立分级分类分区管控机制。在生态红线划定上，须由国家根据国土生态安全格局的要求，结合国情和当地生态环境实际，一线划到底。但在划定后，可实行从国家到地方的分级管控机制，实行属地化管理。国家对生态红线实行宏观监管，省级人民政府对辖区内的生态红线管控负总责，市、县两级地方人民政府具体负责生态红线的管理。此外，各级人民政府可根据红线划定功能不同与空间分布情况，制定与生态功能保护相适宜的差异性管理制度，建立科学的分类分区管控机制。

第四，建立红线管控制度。从资源、环境、生态三个方面加强管控，将各类开发活动限制在资源环境承载能力之内。管控资源红线，设定资源消耗的上限，合理设定资源消耗"天花板"；管控环境质量底线，确保各类环境要素质量"只能更好、不能变坏";管控生态红线,遏制生态系统退化的趋势。各级党委、政府对本地区生态文明建设负总责,最重要的是树立底线思维,管控资源消耗上限、环境质量底线、生态保护红线,确保生态功能不降低、面积不减少、性质不改变。

(二)生态补偿制度及其内容

1. 生态补偿制度的内涵

生态补偿是一种使外部成本内部化的环境经济手段。作为环境资源保护的经济手段,生态补偿机制是调动生态保护建设积极性、促进环境保护的利益驱动机制、激励机制和协调机制。生态补偿从狭义角度理解是指对由人类社会经济活动给生态系统和自然资源造成的破坏及对环境造成的污染的补偿、恢复、综合治理等一系列活动的总称。广义的生态补偿则还应包括对因环境保护而丧失发展机会的区域内的居民进行的资金、技术、实物上的补偿、政策上的优惠,以及为增强环境保护意识,提高环境保护水平而进行的科研、教育开支。生态补偿具有范围的广泛性、手段的多样性和补偿的法定性等特点。

生态补偿不仅是环境与经济的需要,也是政治与战略的需要。它以改善或恢复生态功能为目的,以调整保护或破坏环境的相关利益者的利益分配关系为对象,具有经济激励作用。自然资源不仅具有巨大的经济价值,其生态价值的重要性随着环境问题的日益严峻也越发凸显出来。但在现有发展模式下,其生态价值多不被考虑,资源开发、利用者往往把生态破坏的外部不经济性转嫁给社会,并引发一系列社会冲突。同时,所有地区和所有人发展的权利都是平等的,都不能被剥夺,更不能独自承担环境代价,需要相关各方对放弃发展机会的该区域予以补偿,促进区域协调发展。因此,实施生态补偿意义重大。

生态补偿制度是以保护生态环境、促进人与自然和谐发展为目的,根据生态系统服务价值、生态保护成本、发展机会成本,运用政府和市场手段,调节生态保护利益相关者之间利益关系的公共制度。

2. 生态补偿制度的主要内容

(1)补偿缘由。因为社会各阶层都必须承担环境社会责任,所以需要通过生态补偿的形式来实现这一责任。通过建立生态补偿制度，引导全社会树立生态产品有价、保护生态人人有责的意识，营造珍惜环境、保护生态的良好氛围。

（2）补偿理念、原则和实施领域。生态补偿基于创新、协调、绿色、开放、共享的新发展理念，按照权责统一、合理补偿，政府主导、社会参与，统筹兼顾、转型发展，试点先行、稳步实施的原则，着力落实森林、草原、湿地、荒漠、海洋、水流、耕地等重点领域生态保护补偿任务。

（3）补偿主体。根据谁开发谁保护，谁破坏谁恢复，谁受益谁补偿，谁污染谁付费的基本原则，受益者、开发者、破坏者、污染者都可以成为生态补偿的主体。

（4）补偿内容。政府的生态补偿，是政府为履行生态环境责任的事权所必需的财权；企业、社会团体和个人的生态补偿，是企业、社会团体和个人为履行环境社会责任所必须承担的成本。

（5）补偿标准。补偿标准合理直接关系到补偿的实施进度和实施效果。在确定补偿标准时要充分考虑生态建设与保护过程中的各项成本、费用以及收益，与经济社会发展状况相适应，反映人对生态环境影响的程度和因素，考虑内部控制机制层面的因素和外部约束机制层面的因素，促进形成绿色生产方式和生活方式。

（6）补偿方式。补偿方式是影响生态补偿效果的重要因素。单一补偿方式并不是一种持续的、能够根本改善生态状况的方式，应该寻求多元补偿方式。具体有纵向和横向补偿两个维度：纵向就是要加大对重点生态功能区的转移支付力度，逐步提高其基本公共服务水平；横向就是引导生态受益地区与保护地区之间、流域上游与下游之间，通过多种方式实施补偿，规范补偿运行机制。生态补偿问题牵涉许多部门和地区，因此，具有不同的补偿类型、补偿主体、补偿内容和补偿方式。为此，国家应建立一个具有战略性、全局性和前瞻性的生态补偿总体框架，逐步走向政府手段和市场化手段相结合的道路。目前应由政府主导，并注重培育市场化手段，使生态补偿机制走向良性循环。随着中国市场经济体制和环境管理体制的进一步完善，市场化补偿方式将能在更大范围内发挥生态补偿的作用。

（7）补偿对象。补偿对象应为生态环境的保护者、恢复者、受损者。生态补偿的最终受益者是生态系统。生态补偿的环境社会责任，首先是通过税收、非税收入等形式，体现在政府，政府再通过转移支付、补贴等手段，体现到生态系统所在地的居民，最终通过生态系统所在地居民对生态环境影响行为的变化，体现到生态系统。

(三) 环保督政问责制度及其内容

1. 环保督政问责的内涵

环保督政问责制度建立在地方政府的环境责任上。《环境保护法》明确规定了地方政府的环境责任，即对本行政区域的环境质量负责。对本行政区域的环境质量负责，就是要让环境质量越来越好，底线是不能越来越坏。环保督政问责，是指如果环境质量下降了，生态被破坏了，地方政府就要承担责任。如果由于决策错误或者监管不力出现重大生态环境问题，要追究党政领导人责任，而且终身追责。

环境的公共产品性质决定了在某种程度上完全用市场手段来调节可能失灵。地方政府环境责任的缺失是环境保护领域政府失灵、环境保护法律失灵的一个重要原因。政府环境责任的缺失主要表现为"重政府经济责任，轻政府环境责任""重企业环境义务和责任，轻政府环境义务和责任""重政府环境权力，轻政府环境义务"。地方政府是推动经济、社会发展的主导力量，在环境保护中也占有主导地位，解决环境问题的主要机制和作用还是集中在政府身上。因此，《环境保护法》强化了政府责任，让地方政府负责，开创性地设立了环保督政问责制度，通过目标评价机制和考核制度，让政府正确处理保护与发展的关系，在平衡经济发展和环境保护中起更大作用。环保督政问责制度主要体现于《环境保护法》及相关政策文件中，涉及诸多方面，每一方面都有深刻内涵和很强的针对性，是环保督政问责的基本依据。

规定环保督政问责制度，将进一步规范党政领导人的施政行为，既是环境保护的需要，也是在经济转型和可持续发展中发挥重要作用的需要。

2. 环保督政问责的主要内容

环保督政问责的内容就是建立一套有效的问责激励机制，使党政领导干部切实转变执政理念，为生态保护和环境质量负责。

在地方政府对环境质量负总责的要求之下，《环境保护法》具体规定了以下两方面责任：一是带有监管性，或者说预防性、保护性的责任；二是对监管责任未落实的追究，也就是法律责任。监管责任是具体落实"地方政府应当对本行政区域的环境质量负责"的保证，法律责任则是督促地方政府落实监管责任。

环保督政问责既确定了地方政府必须履行的法定责任，也明确规定了地方政府不能做什么，具体如下。

（1）不能组织实施未依法进行环境影响评价的开发利用规划。

（2）不能超总量排污、未完成国家确定的环境质量目标。

（3）不能包庇环境违法行为。

（4）依法应当作出责令停业、关闭决定的，不能不作为。

（5）不能指使篡改、伪造监测数据。

（6）不能马虎大意，导致发生重特大突发环境事件。

（7）环境质量不能下降。

（8）不能不顾生态环境盲目决策。

（9）不能干预、阻碍环境监管执法。

环境保护督政问责制度包括约谈、区域限批、挂牌督办、综合督查和环保督察等一系列措施。《环境保护法》实施后，环保督政问责制度进一步强化。

第三章 环境法下环境资源法的目的与责任

第一节 环境资源法的性质与目的

一、环境资源法的性质

在公法和私法之外，还存在介乎公法和私法之间的法律规范，这些法律规范不仅涉及公共事务，还涉及私人事务，这一类规范属于第三法域，是以保护社会公共利益为目的的规范，被称作社会法规范，环境资源法规范从立法目的和法律规范的内容构成等角度来看，就是这种法律规范。环境资源法具有社会法的属性。

从立法目的来看，环境资源法是为了保护和改善环境，防治污染和其他公害，保障公众健康，推进生态文明建设，促进经济社会可持续发展而制定的法律规范。环境是人类赖以生存的物质基础，环境质量的好坏不仅直接影响着每个人的身体健康，还影响到作为一个群体的人类的继续发展问题，所以，环境资源法保护的法益中包括个体利益和公共利益两部分。在这两种法律权益中，公共利益居于核心位置。也就是说，环境资源法保护人类群体的可持续发展，确保了作为个体的人在当下和未来的生存质量。实质上，环境资源法正是人类修正狭隘的个人观念，重视宏观利益、群体利益和长远利益的结果，是人类突破传统发展观念的重大法律成果。

从成因角度审视，自工业革命以来，不可持续发展观念和个人权利极端化的思想被认为是环境问题的根源。随着商品和货币经济的兴起，发展的目标发生了异化，金钱至上的观念开始盛行。资本主义经济体系，以其自我扩张的特性，追求资本的无限增长，即资本的自我增值成为核心目标。在这一体系中，利润不仅是资本扩张的工具，也是其终极目的。

在资本主义制度下，无论是机构运作还是文化活动，均以盈利和资本积累为导向。经济增长被看作是解决社会问题的关键手段，包括减少贫困、失业以及解决财富和收入分配不均等问题。这种观念体现了自近代工业化以来对财富积累和单一经济增长模式的过度追求，而忽视了可持续发展的重要性。

从法律规范的内容构成来看，环境资源法律体系中既包含了公法规范，也涵盖了私法规范。环境问题最初在私法秩序下产生，这确实反映了私法在环境保护方面的局限性。然而，随着科学技术的迅猛发展，新的环境问题不断涌现，这使得环境与生态保护成为人类社会经济发展的不可或缺的条件。其社会公共利益性逐渐凸显，作为独立利益形态的需求也日益显著。

单纯依赖私法解决环境问题显然是不现实的，必须探索并采用新的法律手段。在国家这只"有形之手"的积极介入下，环境问题的解决才更具希望。因此，法律必须对导致环境污染和生态破坏的绝对化所有权和无限制的契约自由原则进行必要的限制。这种限制既体现在对私权的约束上，要求权利人在行使权利时不损害他人和公共利益，承担相应的民事义务，同时也表现在赋予国家机关一定的公共权力，以保障环境公共利益不受侵害。

现代社会的私法规范和公法规范中均出现了以预防污染和保护环境为目标的法律规范，这些规范共同构成了环境资源法规体系的重要组成部分，共同为环境保护和可持续发展提供了法律保障。

二、环境资源法的目的

"保护环境、改善环境、防治污染与公害是实施环境保护法的根本性目的。"[①]

从法哲学的角度出发，法的目的有两层含义：其一，它是主导法的形成、实现与之相关因素而拟依靠制定法而达成的实际目的。由于它是指导和实现一定的法律制度以及形成法律方法的原因，所以在学理上它又被称为动机上的法的目的。其二，它是需要依靠法来实现的基本价值和法的基本使命，及作为法的正当与否、合理与否的评价规则和基准，所以它又具有法的形成、实现之指导原理上的意义。

我国环境资源法的目的涵盖了两层含义，体现了动机上的法的目的和法的价值理念的结合。从动机上的法的目的来看，我国环境资源法要实现的

---

① 张黎平. 论我国现行《环境保护法》的目的 [J]. 法制博览，2019(18)：255.

实际目的是通过环境保护和污染防治，保障人体健康和经济发展。从法的价值理念的角度看，环境资源法在实现实际立法目标时贯彻了可持续发展的理念。

1. 环境保护

环境保护是环境资源法的首要目的。自工业革命以来，人类社会的发展往往伴随着对自然环境的破坏。森林乱砍滥伐、水资源过度开发、生物多样性丧失等问题日益凸显，对地球的生态系统造成了严重威胁。环境资源法通过制定严格的环保标准和监管措施，旨在保护生态系统的完整性和稳定性，维护地球生态平衡。

具体而言，环境资源法通过法律手段规范人类活动，限制对自然资源的过度开发和使用。它要求企业在生产过程中采取环保措施，减少污染物的排放；要求政府加强对环境保护的监管，对违法行为进行严厉打击。同时，环境资源法还鼓励公众参与环保行动，提高全社会的环保意识，形成共同保护环境的良好氛围。

2. 污染防治

污染防治是环境资源法的另一重要目的。随着工业化和城市化的进程加速，各种污染物不断排放到环境中，对空气、水源、土壤等造成了严重污染。这些污染物不仅威胁着人类的生命健康，也破坏了生态系统的平衡。

环境资源法通过制定严格的污染防治措施，旨在减少污染物的排放，改善环境质量。它要求企业采用先进的生产工艺和设备，减少污染物的产生；要求政府加强对污染源的监管和治理，确保污染物得到有效处理。同时，环境资源法还鼓励公众举报污染行为，加强社会监督，共同维护环境的清洁与健康。

3. 保障人体健康

保障人体健康是环境资源法的核心目的之一。环境质量与人体健康息息相关，污染的环境不仅会导致各种疾病的发生，还会影响人们的生活质量和幸福感。环境资源法通过改善环境质量，减少污染物的暴露，从而有效保障人们的身体健康。

环境资源法要求政府加强环境监测和评估，及时发现并处理环境问题，确保环境质量符合国家标准。同时，环境资源法还鼓励企业研发环保技术和产品，推动绿色产业的发展，为人们提供更加健康、安全的生活环境。此外，环境资源法还强调公众的参与和监督作用，鼓励人们积极参与环保行动，共同维护良好的生活环境。

4. 保障环境资源的合理利用和保护

保障环境资源的合理利用和保护是环境资源法的根本目的。环境资源是人类社会发展的重要基础，其合理利用和保护对于实现可持续发展具有重要意义。环境资源法通过法律手段规范资源的开发和利用行为，确保资源的可持续利用。

环境资源法要求企业和个人在利用环境资源时遵循节约原则，避免浪费和过度开发。同时，环境资源法还鼓励采用可再生资源和循环利用技术，减少对自然资源的依赖。此外，环境资源法还强调对珍稀和濒危物种的保护，维护生物多样性和生态平衡。

在保障环境资源的合理利用和保护方面，环境资源法还关注跨界环境问题。随着全球化的推进，环境问题往往超越国界，需要各国共同应对。环境资源法倡导国际合作与交流，共同制定和执行环保标准和政策，推动全球环境治理体系的完善。

第二节　环境资源法的地位与作用

一、环境资源法的地位

（一）环境资源法是一个独立的法律部门

环境资源法律规范既包括私法规范，又包括公法规范。从表现形式上看，这些规范除了专门性的环境保护和污染防治规范外，还有很多规范分散在各传统法律部门之中。在传统法学学科的视角中，环境资源法律规范常被视作各类法律部门在应对环境问题时的变通手段。然而，必须认识到，由于传统部门法在解决环境问题上固有的局限性，这些变通措施往往无法全面应对现代环境风险给社会带来的挑战。因此，尽管环境资源法律规范在一定程度上发挥了作用，但需要更深入地探讨和完善这些规范，以更好地应对日益严峻的环境问题。为此，从人类整体利益和控制环境风险的目的出发，结合传统部门法在环境问题上的立法成果，形成了一个运用综合法律方法预防和控制环境风险的独立法律部门——环境资源法。

目前，我国已经制定了二十余部环境与资源保护单行法律和数百部相关行政法规、规章或环境标准。一个全面调整环境利用社会关系的法律体系已经基本形成。

（二）环境资源法的调整对象

在我国，法律部门划分的主要标准是法的调整对象，一般通过法所调整的社会关系或法在调整社会关系时所适用的方法来判断。根据这个标准，结合我国的环境资源领域的法律实践，我国法学界的主流观点认为，环境资源法是一个独立的法律部门。

1. 环境资源法的调整对象具有独立性

环境资源法的调整对象是人们在保护和改善环境、防治污染和其他公害过程中形成的社会关系，即保护和利用环境的社会关系，它是一种人与人之间的关系。这种社会关系既区别于民法的调整对象——平等主体间的人身关系和财产关系，又区别于行政法的调整对象——国家干预关系。

在环境资源法产生以前，法律早已对环境中的物质归属和环境品质问题做过规定。比如，民法在土地、水、矿产资源的所有权和使用权问题上的规定，以及行政法在城市环境卫生问题上的规定。但这些法律规定，并不是基于维护人类发展利益和预防、控制环境风险的目的，而是从私权和疫病防治等角度解决物的归属和公共卫生问题。环境问题凸显之后，环境资源法专门承担起调整保护和利用环境的社会关系，因此形成了环境资源法律关系，这种法律关系的核心问题是环境资源使用过程中的保护义务和污染防治义务。

环境资源法确实涵盖了土地、水以及矿产资源等环境要素的相关问题。其核心关注点在于这些环境要素的合理、持久利用以及其品质的保障，而非像民法那样主要关注环境要素的权属问题。

另外，环境资源法关注公共卫生问题是通过确定排放标准等手段确保环境品质以保证可持续发展，而不是出于疫病防治的目的。环境资源法对环境问题的关注视角和目的都与民法、行政法等传统部门法不同，它的调整对象——环境保护和利用关系，是明显区别于传统部门法的调整对象的。

2. 环境资源法的调整方法具有特殊性

环境资源法具有综合性的特点，综合性包括调整方法的综合性。由于环境问题是多种因素共同作用的结果，依靠单一的手段是无法彻底预防和控制环境问题的。因此，环境资源法调整方法的使用既包括传统法学方法的综合使用，也包括环境科学等相关学科方法的使用。

综合传统法律部门方法，并将环境科学的新成果、新方法运用于环境立法和执法中，这充分体现了环境法在方法论上的综合性特点，这一特点是其他任何法律部门所无法比拟的。这是因为，环境法的公益性决定了其对环境保护和改善所带来的益处，以及对环境污染和破坏所造成的危害，都是不分国界、阶层，由全社会共同分享和承担的。因此，需要综合运用法律的各种方法来应对这些问题。

此外，环境法的技术性也要求在原有的法律方法基础上，结合各种相关学科的发展，创新出更为全面、综合的方法，以便对环境和资源进行整体、全面的保护。这种综合性的方法不仅符合环境法自身的特点，也是应对当前复杂环境问题的必然要求。

二、环境资源法的作用

作为一种社会规范，环境资源法也具有法的一般作用，即告知、指引、评价、预测、教育和强制的作用。但作为专门以保护环境和防治污染为目的的社会规范，环境资源法还具有一些特殊的作用，具体表现在以下几方面。

第一，环境资源法是国家进行环境管理的法律依据，是推动我国环境保护事业和环境资源工作发展的强大力量。环境资源法对环境管理部门及其职责、环境监督管理措施和制度、环境管理范围和管理关系以及各项环境保护工作做了全面规定。环境资源法是环境行政管理的依据和保障，是环境保护事业发展的有力保障。

第二，环境资源法是防治污染和其他公害、保护生活环境和生态环境、合理开发和利用环境资源、保障人体健康的法律武器。环境资源法规定了开发、利用、保护、改善环境的各种行为准则，对各级人民政府及其所属部门、一切单位和个人规定了环境资源保护方面的权利和义务以及相应的法律责任和补救措施，是他们享受权利、履行义务，与污染破坏环境资源的行为作斗争的有力武器。

第三，环境资源法是协调经济、社会发展和环境保护的重要调控手段。环境资源法将经济、行政以及科学技术等多种手段提升至法律层面，不仅明确了环境规划、布局、价格、税收、信贷等宏观调控方式的法律地位，还规定了现场检查、申报登记、行政处罚等具体执行措施的法律地位。这一做法使得在社会主义市场经济体制下，协调经济、社会与环境保护变得更加高效、有序。

第四，环境资源法不仅是提高公众环境意识和环境法治观念的重要法律工具，更是促进公众参与环境管理、倡导良好的环境道德风尚、普及环境科学知识和环境保护政策的关键法律平台。环境资源法通过向社会提出明确的行为规范和政策措施，清晰地界定了法律所提倡和禁止的行为，从而在环境资源工作领域树立了判断是非善恶的明确标准。这一法律平台不仅为环境保护提供了有力的宣传材料，还为实践中的环境资源工作提供了坚实的法律保障。

第五，环境资源法是处理我国与外国的环境关系、维护我国环境权益的重要工具。我国环境资源法协调了与其相关的国际条约，纳入了有关国际环境资源法律规范，宣布了我国的基本环境政策，明确了环境资源法的适用范围，有利于防止外国向我国转嫁污染以及侵犯我国环境权益的事件发生。

第三节　环境资源法的基本原则与法律制度

一、环境资源法的基本原则

（一）环境资源有偿使用原则

"环境资源有偿使用原则体现了环境资源的经济价值与生态价值属性，并与'污染者付费'原则相契合。"[1] 环境资源有偿使用原则是指直接利用环境的单位和个人应当依法缴纳法律规定的税费，提高利用环境的行为的成

---

[1] 刘功文.试论环境资源有偿使用原则[J].时代法学，2009，7(3)：67.

本，增加保护环境的行为的收益，以利于自然资源和环境容量的恢复、整治、再生和养护，实现环境的可持续利用。这里，直接利用环境的单位和个人可以称为利用者，利用者不仅包括环境的使用者，还应包括环境的受益者。环境利用者应依法支付相应的税费，以补偿因利用所造成的环境资源减损，或补偿因保护环境所增加的成本。环境资源有偿使用以税费的形式出现，包括自然资源使用费、自然资源补偿费或税、生态补偿费以及排污费，如土地出让金、水资源费、矿产资源补偿费和矿产税、排污费。

环境资源有偿使用原则肯定了环境是有价值的，对环境的利用应是有偿的。环境是有价值的包括以下几方面内容。

第一，作为环境要素的自然资源的价值。空气、水、矿藏、森林、草原等环境是大自然的恩赐，并未因其没有凝结人类劳动而不具有价值。环境要素中的自然资源的价值很多，其中最主要的是直接使用价值，直接使用价值反映的是环境的直接利用，如海洋捕捞的鱼类、森林提供的木材、河流的水用于灌溉。自然资源的其他价值包括间接使用价值、选择价值等，间接使用价值类似于生态学中的生态服务功能，如森林减少空气污染、调节气候的价值。目前，法律制度一般涉及自然资源的直接使用价值，少数涉及自然资源的间接使用价值，如生态补偿问题，不涉及选择价值。

第二，环境容量的价值。在环境经济学那里，由自然资源组成的环境具有一定的容量，此容量是有限的，因此环境容量也是资源，具有价值。环境容量具有价值是排污收费制度建立和运行的基础。

(二) 环境资源利益平衡原则

环境资源利益平衡原则是指在对环境资源的开发、利用、保护、改善等一系列社会活动的过程中，应该由国家在充分结合考虑环境自然资源的分布状况、承载能力及社会经济需求的基础上，对环境自然资源开发利用的范围、方式和程度等方面的问题作出合理的安排和规划，并以此为前提着力解决围绕环境资源而产生的不同利益主张的冲突，在环境资源的配置过程中统筹兼顾其自身特点及不同的利益需求，确保环境资源配置公平地实现。

1. 环境公平的基本分类

（1）从时间角度，环境公平分为代内环境公平和代际环境公平。

代内环境公平是指处于同一代的人们和其他生命形式对来自资源开发以及享受清洁和健康的环境这两方面的利益都有同样的权利。代内公平既体现在一个国家也体现在国际社会。在一个国家内，是指同一代人公平地获得共有的自然资源、当地大气中的清洁的空气、国家水流和领海中的清洁的水；同时，也提出了一个对私有财产的政府限制问题。在国际社会，代内公平是指公平地分配国际空气、水、海洋资源和其他公有资源。

代际环境公平是指全人类在过去、现在和将来共同拥有这个星球的环境；当代人和后代人对其赖以生存发展的环境资源有相同的选择机会和相同的获取利益的机会；不要求当代人为后代人做出巨大牺牲，也不允许当代人的消费给后代人造成高昂的代价；当代人有权使用环境并从中受益，也有责任为后代保护环境；在人与自然的关系中，每一代人都有相同的地位，没有理由偏袒当代人而忽视后代人；人类所有成员都具有平等的权利，每一代人都希望能继承至少与他们之前的任何一代人一样良好的地球，并能同上代人一样获得地球的资源；由于无法准确地预测后代人的喜好与能力，当代人应提供健康的环境以供后代人满足他们自己的喜好和能力。代际公平体现了当代为后代代为保管、保存地球资源的观念。为了将后代人的利益与政府决策联系起来，法国已成立后代人委员会。

（2）从内容角度，环境公平包括环境权利公平、环境机会公平、环境分配公平和环境人道主义公平等内容。环境权利公平，是指每一个人都具有平等的生存权、发展权、环境权和其他环境权益，主要是指公民环境权平等；环境机会公平，是指满足人对环境资源的不同层次的需要和不同的人对环境资源的不同层次的需要，以利于发挥每个人的潜能；环境分配公平，是指法律在配置环境资源时或政府在分配环境资源时，必须公平；环境人道主义公平，是指对于弱势群体、弱者，要实行照顾弱者、扶持弱者的政策，为其生存发展提供基本的环境资源条件。

（3）从空间角度，环境公平包括社会个体之间的公平、社会群体或集团之间的公平以及国家、区域之间的公平。其中区际公平包括：①在国际上，发达国家、地区和发展中国家、地区之间要实现公平；西方国家和东方国家之间、北方国家和南方国家之间要实现公平。②在国内，东部沿海地区和中、西部地区之间要实现公平；城市和乡村之间要实现公平。

2. 环境资源利益平衡原则的贯彻

（1）环境政策的制定过程要体现环境公平。在制定环境政策时，应弄清各不同利益主体的利益要求，然后加以系统地分析，使之进入决策者的视野。任何一项环境政策，不应该只由专家和管理者来完成。所有利益相关者都参与公正的、有序的决策过程，有助于解决共有的问题，而不会导致不同利益群体之间的激烈冲突。公众的广泛参与是实现环境公平的基础。参与能够促进政府与公众间的对话，使政府与公众之间协同一致，这一点将在环境政策的具体制定与执行中体现得更为充分。

（2）合理规划与利益补偿。从我国现行的各部自然资源法律来看，绝大多数都以专门的法律条文甚至专章对制定自然资源规划作出了明确的规定。自然资源规划，主要是指根据经济社会发展需要和自然资源开发利用现状编制的开发、利用、节约、保护、管理自然资源的总体部署及特定专业领域的长期发展计划，大致可分为综合规划和专业规划两类。根据我国现行的法律规定，自然资源规划主要包括土地利用总体规划、水资源规划、林业长远规划、水土保持规划、防沙治沙规划、草原建设保护利用规划等方面的内容。

无论对何种类型的自然资源，其规划编制所遵循的根本原则基本上是一致的，基本上体现在提高自然资源的利用效率和水平、加强对自然资源的生态保护、保障自然资源的可持续利用等方面。从其规定的主要内容来看，主要包括自然资源基础信息系统的建设及动态监测、自然资源开发利用的基本目标与措施、自然资源开发利用的范围方式和程度、相关自然资源规划之间的协调等方面。除此之外，我国现行的自然资源法律大多都明确规定了各自然资源规划编制的基本程序和责任主体，从组织上保证了自然资源规划编制中全局性目标与局部性要求的协调一致，并为自然资源规划在现实中的贯彻与实施奠定了坚实的基础。

（3）建立环境信息公开制度，确保环境知情权的实现。环境知情权是指全体社会成员包括公民、法人、其他社会组织及行政机关依法享有获取、知悉与环境问题和环境政策有关的环境信息的权利，是社会各主体参与环境保护、行使环境监督权的前提和基础。环境信息包括公共信息和个别信息，前者指有关单位向全社会发布的环境信息；后者指只有在特定主体提出要求的情况下才提供的个别信息。环境知情权不仅指公众对现行与环境保护有关的环境信息在宏观层面的知情，包括对与环境有关的政策法律法规以及政府宏观发展规划基本情况的了解和掌握，对拟制定的有关政策和法律法规及规划可能对环境造成影响的认识和了解，对所处国家、地区、区域环境状况的资料的了解等，还指公众对与自身环境权益密切相关的环境信息在微观层面的知情，包括公众对在其所处区域从事各种危害或可能危害环境的开发建设活动的了解，对各种生产经营活动可能对周边环境造成不利影响及其预防对策的资料掌握等。

（4）建立自然资源储备制度。自然资源代际转移是实现可持续发展的根本保证。当代人是未来几代人的资源和财富的代管者，当代人应考虑后代人的需要，由当代人确定对自然资源利用的社会贴现率和私人贴现率必然不可能表达下代人的愿望，从而也不能体现资源分配的代际公平原则。针对这种情况，要努力借鉴发达国家的成熟技术和经验。同时，还要把目光转向可再生能源，即对核能、太阳能、风能、沼气的利用，通过替代品或技术来满足后代的需求。此外，还要改变以往粗放的经济模式，对于已经产生的环境废物，要循环利用，既能减少垃圾污染，又能产生经济效益，实现循环经济，促进人类与自然的协调与和谐发展。

（5）建立环境基金制度。在我国发展过程中，东部与西部、城市与农村发展的不平衡，使得东部地区和城市占有较多的环境收益。在市场经济条件下，这些地区是不会自动将收益返还给西部地区和农村的。国家通过强制性地征收环境税费，建立环境基金，实行转移支付，不仅有助于环境收益在地区间的公平分配，而且能够有效地防止落后地区的环境破坏。在保证当代人与后代人合理占有环境收益，促进代际公平方面，环境基金也可以发挥重要作用。

（6）建立和完善生态补偿机制。建立和完善生态补偿机制，必须认真落实科学发展观，以统筹区域协调发展为主线，以体制创新、政策创新和管理创新为动力，坚持"谁开发谁保护、谁受益谁补偿"的原则，因地制宜地选择生态补偿模式，不断完善政府对生态补偿的调控手段，充分发挥市场机制作用，动员全社会积极参与，逐步建立公平公正、积极有效的生态补偿机制，逐步加大补偿力度，努力实现生态补偿的法治化、规范化，推动各个区域走上生产发展、生活富裕、生态良好的文明发展道路。

(三) 预防为主原则的必要性与贯彻

1. 预防为主原则的必要性

预防为主、防治结合、综合治理的原则 (以下简称预防为主原则)。确立预防为主原则的必要性如下。

(1) 环境问题的特点要求环境保护应以预防为主。环境问题的特点决定在环境问题上应当实行预防为主的原则，具体如下。

第一，环境危害一旦发生，往往难以消除和恢复，甚至具有不可逆转性。如，生物多样性一旦消失后，就永远消失了，没有办法补救。

第二，治理环境问题所花费的费用非常巨大，如果等到环境问题产生后再采取措施，往往得不偿失。

第三，环境问题的危害具有很强的潜伏性，即危害的产生与受污染和后果显现之间的间隔相当长。如，许多化学品致癌的潜伏期达二三十年，化学品的致变后果可能在几代之内也不会显现出来，承受环境风险后果的人就可能不是享受使用该化学品的受益人。人类难以及时发现和认识环境问题的长远影响，为代内公平和代际公平起见，必须防患于未然。

(2) 实行预防为主是国内外环境保护的经验使然。在环境保护史上，由于认识不足，即认为环境污染或破坏是经济发展的必要代价，因此，西方国家走的大都是先污染后治理的道路。这种对待环境问题的态度，不仅使事后的治理代价巨大，而且成效很差。随着人类认识的丰富，先污染后治理的事后环境保护策略的局限性已为世界各国所承认，环境保护策略已从原来的事后治理向事前控制转变，预防为主的原则成为各国环境法共同的原则。

预防为主、保护优先的原则对于我国这样一个发展中国家而言更具有重大的意义。因为我国是发展中国家，综合国力不强，难以筹集到大量的资金去治理污染，采取预防为主、防治结合的原则可以尽量避免环境损害的发生，取得投资少、收效大的效果，实现经济效益、社会效益和生态效益的统一。

(3) 环境的整体性要求实行综合性的环境治理。环境是一个整体，这种观点得到了环境科学和环境法的共同认可，通常所说的"污染无国界"反映了这点。生态学也认为，环境具有整体效应律，即环境的整体功能大于环境诸要素的个体之和。因此，对污染和破坏的预防应从整体的角度入手，避免对单个环境介质的规制可能导致的低效甚至无效的状态。

2. 预防为主原则的贯彻

贯彻预防为主、保护优先、防治结合、综合治理的原则，对于预防而言，最重要的是从源头上预防环境危害的发生；对于治理而言，采取的治理措施要直接针对环境危害产生的原因，通过由点带面的途径达到综合治理的效果。具体而言，可采取以下列措施贯彻该原则。

（1）全面规划、合理布局。很多环境污染或破坏的产生都是因为不合理的决策造成的，在城市工农业布局时，没有进行统筹安排，考虑保护环境的需要。如，在江河的中上游建设污水处理厂、在城市上风向建设污染严重的工厂。因此，为预防环境危害的产生，除了实行坚持综合决策外，还应当全面规划、合理布局。

全面规划要求以全国主体功能区规划为基础，制定各种规划，包括经济和社会发展规划、国土整治规划、专业性的环境规划等，在工农、城乡、生产生活等方面进行综合规划，做到统筹安排，在考虑经济效益的同时考虑环境效益。合理布局要求在安排工业生产、农业生产和资源开发时，除了方便生产和生活外，还要考虑对环境的影响。

（2）制定和完善预防性的环境法律制度。预防性的环境法律制度包括环境影响评价制度、许可制度、三同时制度、清洁生产制度和淘汰制度、环境责任保险制度。它们是防止产生新的环境污染和破坏的重要保障。

第一，环境影响评价制度，是具有预防性的法律制度，其要求在进行任何活动之前，必须在可行性阶段考虑对环境的影响，为在决策上选择对环境影响最小的方案提供依据，如果对环境的影响超过了法律的规定，就会被禁止或者被要求采取相应的预防措施。

第二，许可制度要求，在从事可能污染或破坏环境的活动之前，必须向有关部门申请并征得同意，否则便不能将相关的产品投入市场或进行该相关的活动。通过许可制度来预防环境危害的发生，通常表现为制定各种"黑名单"，许多事先被认定为污染或破坏环境的行为、产品的生产或使用会遭到限制或者禁止，从而从源头上控制环境危害的发生。

第三，三同时制度，通过要求环境保护设施与主体工程的同时设计、同时施工和同时投产使用，保证不因为缺乏环境保护设施或者建成后不使用而产生的污染，从而达到防止产生新的污染和破坏的目的。

第四，清洁生产制度和淘汰制度，是为了预防环境污染产生的制度。清洁生产要求原材料的选取、加工等过程都考虑整个过程对环境的影响，坚持从"从摇篮到坟墓"整个生命周期的环境管理，将污染控制在源头上；而淘汰制度则通过禁止或限制严重污染环境设备的使用，达到少产生或不产生环境污染的目的。

第五，环境责任保险制度，是为了在环境污染事故上降低生产者的经营风险以及迅速补偿受害人的损失。国家鼓励投保环境污染责任保险。目前购买环境污染责任保险的企业很少，为了建立环境风险管理的长效机制，我国近几年已经开始强制责任保险试点相关工作。

二、环境资源法的法律制度的特征与分类

(一) 环境资源法律制度的特征

环境资源法律制度是指为了实现环境资源法的目的和任务，根据环境资源法的基本原理和基本原则所制定的，调整特定环境资源社会关系的一系列法律规范的总称。它是环境资源管理制度的法律化和规范化，是具有自身特征的一类环境资源法律规范，主要具有以下几个特征。

第一，环境资源法律制度具有特定性。环境资源法律制度不像环境资源基本原则那样具有适用的广泛性，而是只适用于环境资源管理的某一方面，只调整在开发、利用、保护、改善环境资源过程中发生的某一特定部分或方面的社会关系。因此，其适用的对象、范围、程度以及所采取的措施、法律后果都是特定的，在一定程度上避免了适用法律的随意性。

第二，环境资源法律制度具有系统性和相对完整性。环境资源法律制度通常不是由某一个法律条文或某一个法律规范所组成，而是由一系列的法律规范所组成。这些规范之间相互关联、相互补充、相互配合，共同构成一个相对完整的系统。如果把整个环境资源体系作为一个大系统的话，那么，

每一个环境资源基本法律制度都可以构成一个小的子系统。这一点是区别环境资源基本法律制度与环境资源法律原则和措施的主要标志。正因为环境资源法律制度有系统性的特征，所以，环境资源法律制度的健全与完善对于促进环境资源法律规范的系统化、条理化，以及环境资源体系的完善都有着重要的意义。同时，环境资源法律制度的健全和完善也可以为规范化的环境管理提供法律保证。

第三，环境资源法律制度具有较强的可操作性。由于环境资源法律制度具有特定的适用对象和具体而完整的规则系统，因而便具有较强的可操作性，容易得到有效的贯彻实施。

(二) 环境资源法律制度的分类

环境资源法律制度是由多项制度组成的制度体系，每一种制度的对象、功能、性质和适用阶段也不同，从不同角度，可以对环境资源法律制度进行以下分类。

1. 根据制度保护对象不同

根据制度保护对象不同，环境资源法律制度可分为环境资源法基本制度、环境保护制度、自然资源保护制度、灾害防治制度等。环境资源法基本制度主要包括环境资源权属制度、环境资源监督管理组织制度、环境影响评价制度、"三同时"制度、规划制度、行政许可制度、税费制度、奖励制度等；环境保护制度主要包括限期治理制度、环境事故报告和应急措施制度、排污收费制度、排污申报登记制度、环境标准制度、环境保护设备正常运转制度、环境保护目标责任制度、城市环境综合整治定量考核制度、清洁生产制度、排污权交易制度、废弃物综合利用制度等；自然资源保护制度主要包括自然资源产权制度、自然资源调查制度、自然资源流转制度、自然资源档案制度、自然资源综合利用制度等；灾害防治制度主要包括防范与预警制度、恢复重建制度等。

2. 根据制度的性质不同

根据制度的性质不同，环境资源法律制度可分为经济性制度、技术性制度、行政性制度、社会性制度等。经济性制度主要包括税费制度、奖励制度等；技术性制度主要包括环境资源监测制度、环境标准制度、清洁生产制度等；行政性制度主要包括行政许可制度、限期治理制度、现场检查制度等；社会性制度主要包括公众参与制度等。

三、环境资源基本法律制度

(一) 环境资源监督管理组织制度

1. 环境资源监督管理分类

环境资源监督管理有广义和狭义之分：广义的环境资源监督管理包括环境资源立法监督管理、环境资源行政监督管理、环境资源司法监督管理、环境资源社会监督管理、对环境资源监督管理行为实施的监督等；狭义的环境资源监督管理是指环境资源行政监督管理，即国家环境资源行政监督管理部门，运用行政、法律、经济、科学技术、宣传教育等手段，对各种影响环境资源的行为进行规划、调控和监督，以促进经济社会与环境的可持续发展。

环境资源监督管理根据不同标准，分为以下几种类型。

(1) 根据管理主体不同，环境资源监督管理可分为环境资源立法监督管理、环境资源行政监督管理、环境资源司法监督管理、环境资源社会监督管理 (公共团体、社会组织、非政府机构和个人所进行的环境资源保护活动) 等。

(2) 根据管理范围不同，环境资源监督管理可分为环境监督管理、资源监督管理等。其中，环境监督管理又分为区域环境管理和专业环境管理。区域环境管理主要包括：城市环境管理、农村环境管理、流域环境管理、地区环境管理、自然保护区建设和管理、生态示范区建设和管理、风沙区建设和管理等；专业环境管理主要包括：大气、水、固体废弃物、噪声、电磁辐射、放射性、海洋、土壤、地质、湿地、滩涂、生物多样性、野生动植物环境管理等。资源监督管理主要包括：土地、水、森林、草原、矿产、能源、海洋等资源的合理开发与利用、保护。

2. 环境资源监督管理体制

(1) 环境资源监督管理体制的概念。环境资源监督管理体制有广义和狭义之分：广义的环境资源监督管理体制包括环境资源立法监督管理体制、环境资源行政监督管理体制、环境资源司法监督管理体制、环境资源社会监督管理体制、对环境资源监督管理行为实施监督的体制等；狭义的环境资源监督管理体制是指环境资源行政监督管理体制，即国家环境资源行政监督管理机构的设置、机构之间环境资源监督管理权限的划分及其运行协调机制的总称。其中，机构的设置是环境资源监督管理的组织保障，权限的划分是环境资源监督管理的职能保障，运行协调机制是环境资源监督管理的实施保障。

（2）世界各国环境资源监督管理体制模式。世界各国的环境资源行政监督管理体制各不相同，具有代表性的环境资源行政监督管理体制主要包括：①环境资源行政监督管理由不同部门分工负责。如，美国国家环保局负责环境污染防治工作，其他环境资源行政监督管理工作分别由有关政府部门负责。②环境资源行政监督管理一体化体制。如，德国的环境、自然资源与核安全部。③环境资源统一监督管理与分工监督管理相结合的体制。

（3）中国环境资源监督管理体制。我国的环境资源行政监督管理体制，经历了从无到有、从不健全到比较健全的发展过程，目前，已形成环境资源统一监督管理与分级、分部门监督管理相结合的体制。"统管"部门是指国务院环境资源行政主管部门和县级以上人民政府环境资源行政主管部门。它们之间存在着行政上的隶属关系，并分级对本辖区环境资源工作实施统一监督管理。"分管"部门是指依法分管某一类自然资源保护，或某一类污染源防治的监督管理工作的部门。统管与分管部门之间不存在行政上的隶属关系，其地位是平等的，而只有分工的不同。各主要管理机构及其职责分工如下。

（二）环境资源规划制度

1. 环境资源规划制度的分类

"在环境问题日益严峻的形势下，国家需要以经济和环境的协调可持续发展为目标对环境的开发、利用、保护、改善进行规划，而环境规划的制定和实施需要法治保障。因此，加强环境规划制度立法显得尤为重要。"[①] 环境资源规划是根据一个国家或地区环境状况、自然资源本身的特点以及国民经济发展的要求，在一定规划期内对管辖区域内生态环境保护、生态环境恢复建设以及各种自然资源的开发、利用、保护、恢复与管理所作的总体安排。

---

① 潘存祥. 我国环境规划制度立法完善研究 [D]. 湘潭：湘潭大学，2015：5.

环境资源规划制度是关于环境资源规划的制定、规划的基本内容、规划的实施等问题的基本规定。

环境资源规划按照不同的分类标准，可划分为不同的类型，主要包括：①按规划内容可以划分为环境保护规划、自然资源规划、城市规划、村庄和集镇规划、生态环境建设规划等；②按规划范围可以划分为国家规划、地方规划、部门规划、流域规划和区域规划等；③按规划期可以划分为长期规划、中期规划和短期规划。

2. 环境资源规划的法律规定

（1）环境保护规划制度。环境保护规划是国家和地方各级人民政府根据一个国家或地区的环境状况以及国民经济发展的要求，在一定规划期内对管辖区域内环境保护目标、实现环境保护目标的手段和措施所作的总体安排。环境保护规划制度是关于环境保护规划的制定、规划的基本内容、规划的实施等问题的基本规定。

环境保护规划按照不同的分类标准，可划分为不同的类型，主要包括：①按规划内容可以划分为综合规划和专项规划，专项规划包括：污染防治规划、生态环境保护规划和其他专项规划；②按规划范围可以划分为全国环境保护规划、地方环境保护规划、流域环境保护规划和区域环境保护规划；③按规划期可以划分为长期规划、中期规划和短期规划。

县级以上人民政府环境保护行政主管部门，应当会同有关部门对管辖范围内的环境状况进行调查和评价，拟定环境保护规划，经计划部门综合平衡后，报同级人民政府批准实施。

（2）自然资源规划制度。自然资源规划是根据一个国家或地区自然资源本身的特点以及国民经济发展的要求，在一定规划期内对管辖区域内各种自然资源的开发、利用、保护、恢复和管理所作的总体安排。自然资源规划制度是关于规划的制定、规划的基本内容、规划的实施等问题的基本规定。我国已颁布的各项自然资源法都规定了这项制度。

（3）生态环境建设规划制度。生态环境建设规划制度，是关于规划的制定、规划的基本内容、规划的实施等问题的基本规定，是指导生态环境建设、促进生态系统良性循环、保障人与自然环境协调发展的重要依据。

生态环境建设规划是一项系统工程，涉及部门众多，应由计划行政主管部门组织有关部门共同拟定，报各级人民政府批准实施。生态环境建设规划，要根据各区域的不同特点、规律、目标、容量等因素，提出生态环境建设的基本任务、分阶段目标及主要措施。

编制生态环境建设规划，要体现生态系统的特点。生态系统，小到一片土壤、一个池塘、一条小溪，大到森林、草原、湿地、流域，以至于海洋、大气。由于生态系统的这种复杂性，生态环境建设规划是一种超行政区域界限的规划；编制生态环境建设规划，要以生态学原理为指导，对生态系统的各项开发和建设以及生态环境保护作出科学的决策。要体现以人为本、以自然为本的原则，强调人与自然的和谐共存，使经济发展建立在环境容量、自然资源承载能力和生态适宜的基础上，即把生态环境建设规划的内容和措施融于经济发展规划中，使之成为经济发展规划的约束、限定条件和依据。

（三）环境影响评价制度

环境影响评价是指对规划和建设项目实施后可能造成的环境影响进行分析、预测和评估，提出预防或者减轻不良环境影响的对策和措施，进行跟踪监测的方法与制度。主要包括以下五方面：①评价的对象是拟订中的政府有关的经济发展规划和建设单位兴建的建设项目；②评价单位要分析、预测和评估所评价对象在其实施后可能造成的环境影响；③评价单位通过分析、预测和评估，提出具体而明确的预防或者减轻不良环境影响的对策和措施；④环保部门对规划和建设项目实施后的实际环境影响，要进行跟踪监测和评价；⑤环境影响评价是指指导环境影响评价工作的方法和制度。

1. 规划环境影响评价制度

（1）规划环境影响评价的范围。国务院有关部门、设区的市级以上地方人民政府及其有关部门，对其组织编制的土地利用的有关规划，区域、流域、海域的建设、开发利用规划，工业、农业、畜牧业、林业、能源、水利、交通、城市建设、旅游、自然资源开发的有关专项规划（以下简称专项规划），应当组织进行环境影响评价。进行环境影响评价的规划的具体范围，由国务院环境保护行政主管部门会同国务院有关部门规定，报国务院批准。

（2）规划环境影响评价的内容。专项规划的环境影响报告书的内容主要包括：①实施该规划对环境可能造成影响的分析、预测和评估；②预防或者减轻不良环境影响的对策和措施；③环境影响评价的结论。

（3）规划环境影响评价的程序。

第一，专项规划的编制机关对可能造成不良环境影响并直接涉及公众环境权益的规划，应当在该规划草案报送审批前，举行论证会、听证会，或者采取其他形式，征求有关单位、专家和公众对环境影响报告书草案的意见。编制机关应当认真考虑有关单位、专家和公众对环境影响报告书草案的意见，并应当在报送审查的环境影响报告书中附具对意见采纳或者不采纳的说明。有关单位、专家和公众的意见与环境影响评价结论有重大分歧的，规划编制机关应当采取论证会、听证会等形式进一步论证。编制机关在报批规划草案时，应当将环境影响报告书一并附送审批机关审查；未附送环境影响报告书的，审批机关不予审批。

第二，设区的市级以上人民政府在审批专项规划草案作出决策前，应当先由人民政府指定的环境保护行政主管部门或者其他部门召集有关部门代表和专家组成审查小组，对环境影响报告书进行审查，审查小组应当提出书面审查意见。审查小组的专家，应当从按照国务院环境保护行政主管部门的规定设立的专家库内的相关专业的专家名单中，以随机抽取的方式确定。由省级以上人民政府有关部门负责审批的专项规划，其环境影响报告书的审查办法，由国务院环境保护行政主管部门会同国务院有关部门制定。

设区的市级以上人民政府或者省级以上人民政府有关部门在审批专项规划草案时，应当将环境影响报告书结论以及审查意见作为决策的重要依据。在审批中未采纳环境影响报告书结论以及审查意见的，应当作出说明，并存档备查。

第三，对环境有重大影响的规划实施后，编制机关应当及时组织环境影响的跟踪评价，并将评价结果报告审批机关；发现有明显不良环境影响的，应当及时提出改进措施。

第四，规划实施区域的重点污染物排放总量超过国家或者地方规定的总量控制指标的，应当暂停审批该规划实施区域内新增该重点污染物排放总量的建设项目的环境影响评价文件。

（4）违反规划环境影响评价制度的法律责任。

第一，规划编制机关组织环境影响评价时弄虚作假或者有失职行为，造成环境影响评价严重失实的，对直接负责的主管人员和其他直接责任人员，由上级机关或者监察机关依法给予行政处分。

第二，规划审批机关对依法应当编写有关环境影响的篇章或者说明而未编写的规划草案，依法应当附送环境影响报告书而未附送的专项规划草案，违法予以批准的，对直接负责的主管人员和其他直接责任人员，由上级机关或者监察机关依法给予行政处分。

第三，审查小组的召集部门在组织环境影响报告书审查时弄虚作假或者滥用职权，造成环境影响评价严重失实的，对直接负责的主管人员和其他直接责任人员，由上级机关或者监察机关依法给予处分。

第四，规划环境影响评价技术机构弄虚作假或者有失职行为，造成环境影响评价文件严重失实的，由国务院环境保护主管部门予以通报，处所收费用1倍以上3倍以下的罚款；构成犯罪的，依法追究刑事责任。环境影响评价机构、环境监测机构以及从事环境监测设备和防治污染设施维护、运营的机构，在有关环境服务活动中弄虚作假，对造成的环境污染和生态破坏负有责任的，除依照有关法律法规规定予以处罚外，还应当与造成环境污染和生态破坏的其他责任者承担连带责任。

2. 建设项目环境影响评价制度

国家根据建设项目对环境的影响程度，对建设项目的环境影响评价实行分类管理。具体内容包括：①可能造成重大环境影响的，应当编制环境影响报告书，对产生的环境影响进行全面评价；②可能造成轻度环境影响的，应当编制环境影响报告表，对产生的环境影响进行分析或者专项评价；③对环境影响很小、不需要进行环境影响评价的，应当填报环境影响登记表。

（1）建设项目环境影响评价的内容。建设项目环境影响报告书的内容包括：①建设项目概况；②建设项目周围环境现状；③建设项目对环境可能造成影响的分析、预测和评估；④建设项目环境保护措施及其技术、经济论证；⑤建设项目对环境影响的经济损益分析；⑥对建设项目实施环境监测的建议；⑦环境影响评价的结论。

涉及水土保持的建设项目，还必须有经水行政主管部门审查同意的水土保持方案。环境影响报告表和环境影响登记表的内容和格式，由国务院环境保护行政主管部门制定。

（2）建设项目环境影响评价的程序。

第一，建设单位委托具有相应环境影响评价资质的机构编制环境影响报告书或者环境影响报告表。任何单位和个人不得为建设单位指定对其建设项目进行环境影响评价的机构。为建设项目环境影响评价提供技术服务的机构，不得与负责审批建设项目环境影响评价文件的环境保护行政主管部门或者其他有关审批部门存在任何利益关系。

第二，接受委托为建设项目环境影响评价提供技术服务的机构，应当按照资质证书规定的等级和评价范围，从事环境影响评价服务，并对评价结论负责。

第三，除国家规定需要保密的情形外，对环境可能造成重大影响、应当编制环境影响报告书的建设项目，建设单位应当在报批建设项目环境影响报告书前，举行论证会、听证会，或者采取其他形式，征求有关单位、专家和公众的意见。建设单位报批的环境影响报告书应当附具对有关单位、专家和公众的意见采纳或者不采纳的说明。

第四，建设项目环境影响评价文件，由建设单位按照国务院的规定报有审批权的环境保护行政主管部门审批；建设项目有行业主管部门的，其环境影响报告书或者环境影响报告表应当经行业主管部门预审后，报有审批权的环境保护行政主管部门审批。国务院环境保护行政主管部门负责审批下列建设项目环境影响评价文件：核设施、绝密工程等特殊性质的建设项目；跨省、自治区、直辖市行政区域的建设项目；由国务院审批的或者由国务院授权有关部门审批的建设项目。

第五，审批部门应当自收到环境影响报告书之日起60日内，收到环境影响报告表之日起30日内，收到环境影响登记表之日起15日内，分别作出审批决定并书面通知建设单位。

第六，建设项目环境影响评价文件经批准后，建设项目的性质、规模、地点、采用的生产工艺或者防治污染、防止生态破坏的措施发生重大变动的，建设单位应当重新报批建设项目环境影响评价文件。

建设项目环境影响评价文件自批准之日起超过5年，方决定该项目开工建设的，其环境影响评价文件应当报原审批部门重新审核；原审批部门应当自收到建设项目环境影响评价文件之日起10日内，将审核意见书面通知建设单位。

第七，在项目建设、运行过程中产生不符合经审批的环境影响评价文件的情形的，建设单位应当组织环境影响的后评价，采取改进措施，并报原环境影响评价文件审批部门和建设项目审批部门备案；原环境影响评价文件审批部门也可以责成建设单位进行环境影响的后评价，采取改进措施。

第八，环境保护行政主管部门应当对建设项目投入生产或者使用后所产生的环境影响进行跟踪检查，对造成严重环境污染或者生态破坏的，应当查清原因、查明责任。

（3）违反建设项目环境影响评价制度的法律责任。

第一，建设单位未依法报批建设项目环境影响评价文件，或者未依照规定重新报批或者报请重新审核环境影响评价文件，擅自开工建设的，由有权审批该项目环境影响评价文件的环境保护行政主管部门责令停止建设，限期补办手续；逾期不补办手续的，可处5万元以上20万元以下的罚款，对建设单位直接负责的主管人员和其他直接责任人员，依法给予行政处分。

第二，建设项目环境影响评价文件未经批准或者未经原审批部门重新审核同意，建设单位擅自开工建设的，由有权审批该项目环境影响评价文件的环境保护行政主管部门责令停止建设，可处5万元以上20万元以下的罚款，对建设单位直接负责的主管人员和其他直接责任人员，依法给予行政处分。

第三，建设项目依法应当进行环境影响评价而未评价，或者环境影响评价文件未经依法批准，审批部门擅自批准该项目建设的，对直接负责的主管人员和其他直接责任人员，由上级机关或者监察机关依法给予行政处分；构成犯罪的，依法追究刑事责任。

第四，接受委托为建设项目环境影响评价提供技术服务的机构在环境影响评价工作中不负责任或者弄虚作假，致使环境影响评价文件失实的，由授予环境影响评价资质的环境保护行政主管部门降低其资质等级或者吊销其资质证书，并处所收费用1倍以上3倍以下的罚款；构成犯罪的，依法追究刑事责任。环境影响评价机构在有关环境服务活动中弄虚作假，对造成的环境污染和生态破坏负有责任的，除依照有关法律法规规定予以处罚外，还应当与造成环境污染和生态破坏的其他责任者承担连带责任。

第五，负责预审、审核、审批建设项目环境影响评价文件的部门在审批中收取费用的，由其上级机关或者监察机关责令退还；情节严重的，对直接负责的主管人员和其他直接责任人员依法给予行政处分。

第六，环境保护行政主管部门或者其他部门的工作人员徇私舞弊，滥用职权，玩忽职守，违法批准建设项目环境影响评价文件的，依法给予行政处分；构成犯罪的，依法追究刑事责任。

(四) 环境资源许可制度

1. 环境资源许可分类

环境资源许可，是指环境资源行政主管部门根据当事人的申请，准许其从事某种活动的一种行政行为。在法律上，许可表现为认可、登记、承认等，并通常以证书的形式表现。许可证，既是国家对行政管理相对人从事某种活动的一种法律上的认可，又是行政管理相对人得到法律保护的凭证。

环境资源许可证的种类，根据许可内容不同，主要有环境保护许可证、自然资源许可证、建设规划许可证三大类。环境保护许可证主要有排污许可证，海洋倾废许可证，核设施建造、运行许可证，化学危险物品生产、经营许可证，危险废物经营、转移许可证，放射性药品生产、经营、使用许可证等；自然资源许可证主要有取水许可证、采矿许可证、林木采伐许可证、渔业捕捞许可证、野生动物资源许可证(包括特许猎捕证、狩猎证、运输携带批准文件、进出口证明书)等；建设规划许可证主要有建设用地规划许可证和建设工程规划许可证。

环境资源许可证制度，是指有关许可证的申请、审核、颁发、中止与废止和监督管理等方面所作规定的总称。许可证制度，是加强对排污者监督管理的有效手段，是保护自然资源的合理利用和维护生态平衡的重要途径。

2. 环境保护许可制度

排污许可制度的内容主要包括：①排污申报登记，排污者在试产前3个月内申报排污登记，排污有重大变化时，应提前15天履行变更登记手续；②环保行政主管部门确定本地区污染物排放总量控制指标和分配污染物总量削减指标；③排污许可证的审核和发放，环保行政主管部门收到排污者填报的《排污申报登记表》后，应当对其申报登记的内容进行审查、核实；④排污许可证的监督与管理，排污者必须严格按照排污许可证的规定排放污染物，必须按规定向当地环保行政主管部门报告本单位的排污情况。

3. 建设规划许可制度

（1）建设用地规划许可制度的主要法律规定包括：①建设单位或者个人持建设项目批准文件向城市规划行政主管部门提出定点申请，由城市规划行政主管部门核定建设项目用地位置和界限，提供规划设计条件；②建设单位或者个人提交总平面布置图或者初步设计方案，经城市规划行政主管部门审查同意，核发建设用地规划许可证。建设单位或者个人取得建设用地规划许可证后，方可向县级以上地方人民政府土地管理部门申请用地。

（2）建设工程规划许可制度的主要法律规定包括：①在城市规划区内新建、扩建和改建建筑物、构筑物、道路、管线和其他工程设施，必须持有关批准文件向城市规划行政主管部门提出申请；②由城市规划行政主管部门根据城市规划提出的规划设计要求，核发建设工程规划许可证件；③建设单位或者个人在取得建设工程规划许可证件和其他有关批准文件后，方可申请办理开工手续。

四、环境保护法律制度

（一）环境标准制度

环境标准是指国家为了维护环境质量、控制污染，从而保护人群健康、社会财富和生态平衡，按照法定程序制定的各种技术规范的总称，包括环境质量标准、污染物排放标准、环保基础标准和方法标准。"科学合理的环境标准，既要使环境保护与经济社会发展相协调，又要坚决守住不危害公众健康这一底线。"[①]

1. 环境标准的功能

（1）环境质量标准是确认环境污染是否存在、排污者应否承担责任的重要依据。环境标准是国家环境政策和环境质量目标的体现，是衡量环境质量是否符合当前标准的尺度，如果低于这个尺度，表示环境质量没有达到应有的要求，可能会对人体和动植物的生命健康、安全造成不利影响，或者对生态环境带来损害，因此应当承担否定性的评价和相应的法律责任。

---

① 施志源. 环境标准的现实困境及其制度完善 [J]. 中国特色社会主义研究，2016(1)：95.

（2）违反环境监测方法所规定的采样、分析测试、数据处理等所作的统一规定，其检测结果将不能作为法律证据使用。

（3）违反国家环境标准样品所规定的环境监测仪器和环境保护设备的性能、功能的标准的，利用该仪器和设备所得出的结果也不能作为合法使用的数据。

（4）环境基础标准是制定其他环境标准的基本依据之一，没有统一的名词、符号、单位等基础标准，其他环境标准也将难以发挥其法律作用。

2. 环境标准体系

（1）国家环境保护标准。国家环境质量标准是为保障人群健康、维护生态环境和保障社会物质财富，并考虑技术、经济条件，对环境中有害物质和因素所作的限制性规定。国家环境质量标准是一定时期内衡量环境优劣程度的标准，从某种意义上讲是环境质量的目标标准。国家污染物排放标准（或控制标准）是根据国家环境质量标准，以及适用的污染控制技术，并考虑经济承受能力，对排入环境的有害物质和产生污染的各种因素所作的限制性规定，属于对污染源控制的标准。国家环境监测方法标准是为了监测环境质量和污染物排放，规范采样、分析测试、数据处理等所作的统一规定（是指分析方法、测定方法、采样方法、试验方法、检验方法、生产方法、操作方法等所作的统一规定，环境中最常见的是分析方法、测定方法、采样方法）。

国家环境标准样品标准是为了保证环境监测数据的准确、可靠，对用于量值传递或质量控制的材料、实物样品，而制定的标准物质。标准样品在环境管理中起着甄别的作用，可用来评价分析仪器、鉴别其灵敏度，评价分析者的技术，使操作技术规范化。国家环境基础标准是为了对环境标准工作中需要统一的技术术语、符号、代号（代码）、图形、指南、导则、量纲单位及信息编码等所作的统一规定。

（2）地方环境保护标准。地方环境标准是对国家环境标准的补充和完善，由省、自治区、直辖市人民政府制定。近年来，为控制环境质量的恶化趋势，一些地方已将总量控制指标纳入地方环境标准。其中，地方环境质量标准有两层含义：①国家环境质量标准中未作规定的项目，可以制定地方环境质量标准；②对国家环境质量标准中已作规定的项目，可以制定严于国家环境质量标准的地方环境质量标准。

地方污染物排放（控制）标准包括三层含义：①国家污染物排放标准中未作规定的项目可以制定地方污染物排放标准；②国家污染物排放标准已规定的项目，可以制定严于国家污染物排放标准的地方污染物排放标准；③省、自治区、直辖市人民政府制定机动车船大气污染物地方排放标准严于国家排放标准的，须报经国务院批准。

（3）国家环境保护行业标准。除上述环境标准外，在环境保护工作中对还需要统一的技术要求制定国家环境保护行业标准（包括执行各项环境管理制度、监测技术、环境区划、规划的技术要求、规范、导则，等等）。

环境保护行业标准分为强制性环境标准和推荐性环境标准。环境质量标准和污染物排放标准和法律、法规规定必须执行的其他标准为强制性标准。强制性环境标准必须执行，超标即违法。强制性标准以外的环境标准属于推荐性标准。国家鼓励采用推荐性环境标准，推荐性环境标准被强制性标准引用，也必须强制执行。

（4）环境保护标准之间的关系。国家环境保护标准与地方环境保护标准的关系：执行上，地方环境保护标准优先于国家环境保护标准执行。

国家污染物排放标准之间的关系：国家污染物排放标准又分为跨行业综合性排放标准和行业性排放标准。综合性排放标准与行业性排放标准不交叉执行，即有行业性排放标准的执行行业排放标准，没有行业排放标准的执行综合排放标准。

3. 环境标准的制定

根据我国环境标准的体系规定，环境标准的制定也分为国家和地方两种模式。需要在全国环境保护工作范围内统一的技术要求而又没有国家环境标准时，应制定生态环境部标准。省、自治区、直辖市人民政府对国家环境质量标准中未作规定的项目，可以制定地方环境质量标准；对国家污染物排放标准中未作规定的项目，可以制定地方污染物排放标准；对国家环境质量标准中已作规定的项目，可以制定严于国家环境质量标准的地方环境质量标准；对国家污染物排放标准已作规定的项目，可以制定严于国家污染物排放标准的地方污染物排放标准。但是，地方环境标准必须自发布之日起2个月内报生态环境部备案。违反国家法律和法规规定，越权制定的国家环境质量标准和污染物排放标准无效。

环境标准的制定应遵循五个原则：①以国家环境保护方针、政策、法律、法规及有关规章为依据，以保护人体健康和改善环境质量为目标，促进环境效益、经济效益、社会效益的统一；②环境标准应与国家的技术水平、社会经济承受能力相适应；③各类环境标准之间应协调配套；④标准应便于实施与监督；⑤要借鉴适合我国国情的国际标准和其他国家的标准。

在环境标准需要修改的时候要及时修订，生态环境部应根据环境管理的需要和国家经济技术的发展适时进行审查，发现不符合实际需要的，应予以修订或者废止。省、自治区、直辖市人民政府环境保护行政主管部门应根据当地环境与经济技术状况以及国家环境标准、生态环境部标准制（修）订情况，及时向省、自治区、直辖市人民政府提出修订或者废止地方环境标准的建议。

4. 环境标准的实施

环境标准由县级以上人民政府环境保护行政主管部门实施。在实施环境质量标准时，应结合所辖区域环境要素的使用目的和保护目的划分环境功能区，对各类环境功能区按照环境质量标准的要求进行相应标准级别的管理。应按国家规定，选定环境质量标准的监测点位或断面，经批准确定的监测点位、断面不得任意变更。各级环境监测站和有关环境监测机构应按照环境质量标准和与之相关的其他环境标准规定的采样方法、频率和分析方法进行环境质量监测。承担环境影响评价工作的单位应按照环境质量标准进行环境质量评价。对于跨省河流、湖泊以及由大气传输引起的环境质量标准执行方面的争议，由有关省、自治区、直辖市人民政府环境保护行政主管部门协调解决，协调无效时，报生态环境部协调解决。

对于国家环境监测方法标准的实施，若被环境质量标准和污染物排放标准等强制性标准引用的方法标准具有强制性，则必须执行。在进行环境监测时，应按照环境质量标准和污染物排放标准的规定，确定采样位置和采样频率，并按照国家环境方法标准的规定测试与计算。对于地方环境质量标准和污染物排放标准中规定的项目，如果没有相应的国家环境监测方法标准，可由省、自治区、直辖市人民政府环境保护行政主管部门组织制定地方统一分析方法，与地方环境质量标准或污染物排放标准配套执行。相应的国家环境监测方法标准发布后，地方统一分析方法停止执行。因采用不同的国家环境监测方法标准所得监测数据发生争议时，由上级环境保护行政主管部门裁定，或者指定采用一种国家环境监测方法标准进行复测。

(二) 环境监测制度

环境监测是指依法从事环境监测的机构及其工作人员，按照有关法律法规规定的程序和方法，运用物理、生态学和生物学等学科的方法、知识，对环境要素及其指标或变化进行经常性的监测或长期跟踪测定的科学活动，包括研究性监测、预防性监测、特种目的监测等。它是进行环境资源保护工作、合理开发利用自然资源和进行环境科学研究、制定环境资源规划及进行环境资源信息化管理的基础。

1. 环境监测的任务

环境监测的任务，是对环境中各项要素进行经常性监测，掌握和评价环境质量状况及发展趋势；对各有关单位排放污染物的情况进行监视性监测；为政府部门执行各项环境法规、标准，全面开展环境管理工作提供准确、可靠的监测数据和资料；开展环境测试技术研究，促进环境监测技术的发展。

根据我国目前的环境监测技术，环境监测主要集中在环境质量监测、污染物排放监测，以及环境科研和服务监测三个方面。环境质量监测涉及大气质量监测、水体质量监测、土壤质量监测等方面，目的是掌握环境质量的状况及其发展趋势，为环境立法、决策及环境执法提供依据；污染物排放监测涉及对各种污染源的固定情况、流动情况、排放程度等方面进行经常性的监测，及时采取措施减少对环境和生命体的损害；环境科研和服务的监测涉及提高环境监测技术、提供监测数据和进行数据分析等方面，目的是不断提高环境监测水平和监测效果。

2. 环境监测机构设置

国务院环境保护行政主管部门对环境监测质量管理工作实施统一管理。地方环境保护行政主管部门对辖区内的环境监测质量管理工作具有领导和管理职责。

环境监测管理部门采取设立环境监测站的方式实施环境监测。生态环境部规定了省、市、县三级环境监测机构人员标准及机构、监测经费、监测用房、基本仪器配置、应急环境监测仪器配置和专项监测仪器配置。该标准实行分级设置，分为一级、二级、三级：一级标准为各省（自治区、直辖市）设置的环境监测站、由生态环境部批准的专业环境监测站；二级标准为各地级市（自治州、直辖市所辖区县）设置的环境监测站执行；三级标准为各地级市（自治州）所辖区、县（自治县）设置的环境监测站执行。该标准为最低配置标准，有能力的地区可以适当提高标准。三级监测机构的设置形成了环境监测网，全国环境监测网分为国家网、省级网和市级网；各大水系、海洋、农业环境监测网属于国家网内的二级网。

3.环境监测机构的管理

（1）工作职责。各级环境监测机构应对本机构出具的监测数据负责，应主动接受上级环境监测机构对环境监测质量管理工作的业务指导，并积极参加环境监测质量管理技术研究、监测资质认证、持证上岗考核、质量管理评比评审、信息交流和人员培训等工作，持续改进、不断提高环境监测质量。监测机构和人员的职责如下。

第一，负责监督管理本环境监测机构各类监测活动以及质量管理体系的建立、有效运行和持续改进，切实保证环境监测工作质量。

第二，组织和开展质控考核、能力验证、比对、方法验证、质量监督、量值溯源及量值传递等质量管理工作，并对其结果进行评价。

第三，负责本环境监测机构环境监测人员持证上岗考核的申报与日常管理，国家级和省级环境监测机构组织和实施对下级环境监测机构人员的持证上岗考核工作。

第四，建立环境监测标准、技术规范和规定、质量管理工作的动态信息库。

第五，组织和实施环境监测技术及质量管理的技术培训和交流。

第六，组织开展对下级环境监测机构监测质量、质量管理的监督与检查。

第七，负责本环境监测机构质量管理的信息汇总和工作总结。

第八，参与环境污染事件、环境污染仲裁、用户投诉、环境纠纷案件、司法机构的委托监测等涉及争议的监测活动。

（2）人员管理。国家环境监测机构适用环境监察员制度，环境监察员是国家在各级环境监测站设立的经过专业培训并具有上岗资格证的专门从事环境监察工作的人员，是环境监测站对各单位及个人排放污染物情况和破坏或影响环境质量的行为进行监测和监督检查的代表。环境保护系统各级环境监测中心（站）和辐射环境监测机构中一切为环境管理和社会提供环境监测数据和信息的监测、数据分析和评价、质量管理以及与监测活动相关的人员需通过持证上岗考核。持有合格证的人员，方能从事相应的监测工作；未取得合格证者，只能在持证人员的指导下开展工作，监测质量由持证人员负责。

持证上岗考核工作实行分级管理。生态环境部负责国家级和省级环境监测机构监测人员持证上岗考核的管理工作，其中，国家级环境监测机构监测人员的考核工作由生态环境部组织实施，省级环境监测中心（站）和辐射环境监测机构监测人员的考核工作由生态环境部委托中国环境监测总站和生态环境部辐射环境监测技术中心组织实施。省级生态环境局（厅）负责辖区内环境监测机构监测人员持证上岗考核的管理工作，省级环境监测机构在省级生态环境局（厅）的指导下组织实施。

（3）环境监测报告制度。环境监测方法标准，是为了监测环境质量和污染物排放，规范采样、分析测试、数据处理等技术而制定的技术规范。根据环境监测技术规范所作的监测结果应当发布，即环境监测报告制度。环境监测报告分为数据型和文字型两种：数据型报告是指根据监测原始数据编制的各种报表、软盘等；文字型报告是指依据各种监测数据及综合计算结果进行文字表述为主的报告。环境监测报告按内容和周期分为环境监测快报、简报、月报、季报、年报、环境质量报告书及污染源监测报告，特殊情况下还有环境监测快报，是报告重大污染事故、突发性污染事故和对环境造成重大影响的自然灾害等事件的应急监测情况，以及在环境质量监测、污染源监测过程中发现的异常情况及其原因分析和对策建议。

（三）现场检查制度

县级以上人民政府环境保护主管部门及其委托的环境监察机构和其他负有环境保护监督管理职责的部门，有权对排放污染物的企业、事业单位和其他生产经营者进行现场检查。被检查者应当如实反映情况，提供必要的资料。实施现场检查的部门、机构及其工作人员应当为被检查者保守商业秘密。现场检查制度是关于环境保护部门和有关的监督管理部门对管辖范围内的排污单位进行现场检查的一整套措施、方法和程序的规定。它既是环境管理的重要法律制度，也是环境执法的重要手段之一。它能够促使排污单位依法加强环境管理，积极采取污染防治措施，减少污染物的排放和消除污染事故隐患，并可以使环境管理机关及时发现和处理环境违法行为。

现场检查制度区别于其他环境法律制度的特征如下。

第一，检查机关和内容的特定性。从事环境保护现场检查的机关只能是法定的行政机关，未经法律、法规授权的机构无权进行现场检查。其检查内容也必须是法定的与环境保护有关的事项，而不是对被检查单位的任何活动现场都能检查。

第二，检查行为的强制性。环境保护现场检查是一种单方的行政行为，进行现场检查不需要取得被检查单位的同意。如果拒绝现场检查，将属于妨碍公务的行为，可以追究其法律责任。

第三，检查范围的固定性。检查机关只能对其管辖范围内的单位和个人进行检查，而不能对管辖范围以外的单位和个人进行现场检查。

第四，检查方式的多样性。检查机关可以采用单项检查、综合检查、普查、抽查、经常性检查、临时检查、事故性检查、调研性检查等方式。

第五，检查时间的随机性。检查机关可以随时对排污单位进行现场检查，而不必事先通知被检查单位。

(四) 防止污染转嫁制度

防止污染转嫁是指防止国外、境外地区的厂商或我国企业事业单位，将污染严重的设备、技术工艺或者有毒有害废弃物，转移给没有污染防治能力的单位和个人进行生产、加工、经营或者处理，造成环境污染。

污染转嫁有许多不同的方式，主要包括：①将境外已经禁止生产、使用、销售的设备、工艺，委托或者以联合生产、合资经营甚至是独资经营等形式转移给境内无污染防治能力的企业事业单位生产、加工或者使用；②将我国法律规定淘汰的设备、工艺，非法生产、销售、使用或者转移给无防治污染能力的单位生产、使用；③以联合生产、设立厂甚至是以"支农"的名义将城市中淘汰的设备、工艺转移至郊区农村生产、经营、使用；④在技术工艺、设备引进合同中不同时引进境内不能配套生产的相应的防治污染设施等。

第四节　环境资源法的法律救济与法律责任

一、环境资源法的法律救济

(一) 环境资源行政救济

1. 环境资源行政调解

行政调解处理是指根据当事人的请求，由环境保护行政主管部门或者其他依照法律规定行使环境监督管理权的部门对赔偿责任和赔偿金额的纠纷作出的调解处理。行政调解处理程序是指环境保护行政主管部门根据当事人的请求，对环境污染危害造成损失引起的赔偿责任和赔偿金额争议进行调解处理的步骤的总称。

环境保护行政主管部门作为第三方居间调解处理环境污染民事赔偿纠纷的行政调解程序，是我国解决环境民事争议的一种有效程序。原因在于：①由于环境污染危害的严重性、复杂性和长期性，需要及时取证、鉴定的手段和专业技术，环境保护行政主管部门显然比法院等其他机构更具有这方面的实力；②由行政部门进行调解程序比较简单、便捷，有利于保护受害者的利益，因为"迟来的正义非正义"；③也可避免造成法院审判的讼累。

2. 环境资源行政裁决

行政裁决是指行政机关依照法律授权，对发生在行政管理活动中的平等主体间的特定民事争议进行审查并作出裁决的具体行政行为。行政裁决并不是行政机关取代法院的司法审判职能，它只是在行政领域内为当事人受到损害的民事权益提供一种省时、快捷的行政救济手段。从性质上看，它是一种具体行政行为，当事人对行政机关的裁决结果不服的可以向人民法院提起行政诉讼。

(1) 行政裁决的特征。

第一，行政裁决是依法享有行政裁决权的行政主体的行为。有行政职权的行政主体并不当然是行政裁决的主体，作为行政裁决的行政主体，它必须是对与民事纠纷有关的行政事务具有管理职权的行政机关，并且具有法律或法规的明确授权，否则不得行使行政裁决权。

第二，行政裁决的对象是特定的民事争议。只有法律明确规定的那些特定的、与行政管理事务有关的民事争议，行政机关才能对此进行裁决。

第三，行政裁决一般以当事人申请为前提，即遵循不告不理原则。行政裁决主体以公断人的身份，基于当事人的申请裁断两者之间发生的民事纠纷。

第四，行政裁决是一种具有法律约束效力的行政行为。行政裁决作出以后，对行政机关和当事人都有法律约束力。无论民事争议的当事人是否接受或同意裁决，都不影响行政裁决的实施和成立，也不影响行政裁决应有的法律效力。当事人除非在法定期限内依法申请复议或提起诉讼，否则必须履行行政裁决所确定的义务，行政主体和享有权利的一方可以申请法院强制执行行政裁决。

（2）行政裁决的种类。行政裁决涉及行政管理的许多领域，它与社会经济发展和行政管理的目标相适应，涉及治安管理、土地管理、食品卫生管理、质量监督管理、医疗卫生管理、工商管理、知识产权管理、资源管理等领域。根据有关法律规定，我国的行政裁决主要可分为以下几种类型。

第一，对权属纠纷的裁决。这是指行政机关对当事人之间因与行政管理有关的财物、资源的所有权或使用权的归属而发生的争议所作的裁决。例如，对草原、土地、水、滩涂及矿产等自然资源的权属争议，双方当事人可依法向有关行政机关请求确认，并作出裁决。

第二，对侵权纠纷的裁决。这是在双方当事人之间，一方当事人与行政管理有关的合法权益受到另一方侵犯时，当事人依法申请行政机关解决，行政机关依当事人的申请对此侵权争议作出处理的行为。

第三，对损害赔偿纠纷的裁决。这是指行政机关就当事人之间发生的损害赔偿纠纷所作的行政裁决。损害赔偿纠纷广泛存在于治安管理、食品卫生、药品管理、环境保护、医疗卫生、产品质量、社会福利等许多方面。产生损害赔偿纠纷时，权益受到损害者可以依法要求有关行政机关作出裁决，确认赔偿责任和赔偿金额，使其受到侵害的权益得以恢复或赔偿。

（3）行政裁决程序。我国现行法律、法规尚未对行政裁决的程序作统一的规定。根据有关法律、法规的零散规定和实践中的做法，行政裁决大致遵循以下程序。

第一，申请。争议双方当事人在争议发生后，可依据法律、法规的规定，在法定期限内向行政裁决机关申请裁决。申请裁决通常要递交申请书，载明双方当事人的姓名、住址、争议的事项、有关请求及其根据、理由等。申请人提交申请书的同时要提交副本，以便裁决机关向对方当事人发送。

第二，受理。行政裁决机关收到裁决申请书后，即要对申请进行审查。经过审查，如认为申请不符合法定条件，应作出附理由的不予受理决定；如认为符合法定条件，则应在法定期限内予以正式受理，并将申请书副本发送争议的另一方当事人，要求其在一定期限内予以答辩。

第三，审查。行政裁决机关正式受理当事人的裁决申请后，则开始对当事人之间的权益争议进行实体审查。先是书面的审查，即根据当事人双方提交的申请书、答辩书及所附有关证据材料，分析其权利、义务归属和各自的是非曲直。根据案情的需要，可能要组织有关调查、勘验或鉴定。这种调查、勘验、鉴定对于审理有关交通事故争议、医疗事故争议、环境污染争议、产品质量争议等技术性争议案件是必不可少的。行政裁决机关要将所有材料、证据及调查、勘验、鉴定结论进行综合分析、研究，如果尚存疑点，或当事人要求，可举行公开听证，由当事人双方当面陈述案情，相互辩论、对质，以求彻底查明案件的真实情况，为作出合理、正确的裁决打下基础。

第四，裁决。行政裁决机关在审理后，即要依据有关法律、法规、规章或规范性文件对当事人的争议作出裁决。裁决需制定裁决书，载明双方当事人的基本情况、争议的内容、裁决机关认定的事实及其根据、理由、作出的裁决。裁决书最后还要告知当事人对此裁决是否可申请复议或向法院提起诉讼。如属终局裁决，应告知当事人履行的期限；如可申请复议或提起诉讼，则应告知当事人向何机关、何法院、在何期限内申请复议或提起诉讼。行政裁决是以行政裁决机构所在的行政主管机关的名义而不是以裁决机构的名义作出的。因此，行政裁决在争议作出之前，要征得所在机关行政首长的同意。

第五，送达。行政裁决作出后，裁决书要及时送达当事人双方。

3. 环境资源行政复议

环境资源行政复议是指行政相对方认为行政主体的环境资源行政行为侵犯其合法权益，依法请求法定复议机关作出裁决的活动。在环境资源行政复议中，申请人是认为自己合法权益受到环境资源行政行为侵害的行政相对方，被申请人是作出该环境资源行政行为的行政主体，包括环境资源行政机关和被授权组织。复议机关通常是被申请人的上一级行政主管部门，因此环境资源行政复议是一种具有准司法性质的具体行政行为。

环境资源行政复议不仅为上级行政机关纠正下级行政机关的错误提供了机会，也为权利受到侵害的环境资源行政相对方提供了救济途径。因此，它是一种权利救济机制，同时也是一种重要的内部行政监督机制。

根据行政复议法的规定，行政相对人可以申请环境资源行政复议的具体行政行为包括：①对环境资源行政处罚不服的；②对强制减少或停止排放污染物等环境资源行政措施不服的；③认为符合法定条件申请环境资源行政主管部门颁发许可证而被拒绝或不予答复的；④申请环境资源行政主管部门履行保护人身权、财产权的法定职责而被拒绝或不予答复的；⑤认为环境资源行政主管部门违法要求其履行义务的；⑥认为环境资源行政主管部门侵犯其人身权、财产权的；⑦认为环境资源行政主管部门违法要求其完成一定的环境保护行为的；⑧认为环境资源行政主管部门违法要求其支付消除污染费用的；⑨对行政机关作出的关于确认土地、矿藏、水流、森林、山岭、草原、流域、荒地、滩涂等自然资源的所有权或者使用权的决定不服的；⑩法律、法规规定可以提起环境资源行政诉讼或者可以申请复议的其他具体环境资源行政行为。

环境资源行政监督管理部门作出的行政处分或者其他人事处理决定、环境资源行政监督管理部门对民事纠纷所作出的调解和其他行政处理，均不属于环境资源行政复议的范围。

（二）环境资源司法救济

1. 环境资源行政诉讼

（1）环境资源行政诉讼的特点。环境资源行政诉讼是指人民法院根据公民、法人或者其他组织的请求，对依法享有环境行政管理职责的行政机关及其工作人员的具体行政行为侵犯其合法权益的案件依法进行审理的活动。环境资源行政诉讼实质上是发生环境行政争议时的一种公力救济方式。环境资源行政诉讼具有以下几种特点。

第一，环境资源行政诉讼的目的是解决环境行政争议，其对象是具体的环境资源行政行为。负有环境监督管理职责的行政机关根据环境法律、法规的规定，在进行环境执法活动的过程中，可能由于各种原因会产生行政争议，行政相对人（公民、法人或者其他组织）认为环境行政行为侵犯了其合法权益时，要求人民法院对该行政行为进行司法审查，这是一项基本权利。

第二，环境资源行政诉讼中被告范围较广。在其他各类行政诉讼中，作为被告的行政机关一般比较单一。如，工商行政管理行政诉讼的被告只可能是工商行政管理机关；公安行政管理行政诉讼的被告只可能是公安机关等。环境行政诉讼不同，其被告除了环境行政主管部门，即生态环境部和地方各级环境保护机关以外，还有其他依照法律规定享有环境监督管理职责的行政管理机关，当其作出具体行政行为时，都有可能成为环境资源行政诉讼的被告。这是由环境法调整社会关系的广泛性、综合性，以及现代行政行为与环境难以割裂的相互关系决定的。

第三，环境资源行政诉讼具有浓厚的科学技术性。环境资源法的一个显著特征是其与科学技术有着密不可分的关系。环境法中包含许多法定化的技术性规范和政策，如环境标准、环境监测规程、合理开发利用环境资源的操作规程、防治污染和环境破坏的生产工艺技术要求等。环境资源法的立法趋势也逐渐摒弃单纯的强制或禁止行为，而改为根据现行的技术水准，为行为人制定具体标准。环境问题尤其是环境污染其成因复杂，潜伏期长，危害一旦显现影响面非常广泛。所以，确定环境损害的发生原因及其发展过程是一个困难的工作，涉及自然科学的多个领域，对专门的环境科学技术知识和环境法律政策知识要求很高。

（2）环境资源行政诉讼受案范围。

第一，环境资源行政司法审查之诉。环境资源行政司法审查之诉是环境行政相对人认为环保部门的行政行为不合法或显失公正而要求法院进行审查的诉讼。这些行政行为具体包括：①环境行政处罚行为；②行政机关违法要求行政相对人履行环保义务的行为；也就是说，法律未规定或法律规定不应由相对人履行的义务，而环保部门要求其履行；③环境行政机关违法限制人身自由、对财产进行查封、扣押、冻结等行政强制措施，以及侵犯人身权、财产权、经营自主权等行为。法院经过审理，对行政行为的合法性及是否有超越职权、滥用职权或显失公正的情况进行司法审查，然后作出维持、变更或撤销其行政行为的判决。

第二，请求履行职责之诉。请求履行职责之诉是指环境行政相对人为要求环境行政管理机关及其工作人员履行法定职责而向法院提起的诉讼。不履行法定职责的环境行政行为目前主要涉及：①环境行政监督检查；②环境行政许可行为；③环境行政强制措施；④环境行政救济中的某些环境行政行为。

（3）环境资源行政侵权赔偿责任之诉。行政侵权赔偿责任是指国家行政机关和行政机关的工作人员对违法行使职权，侵犯公民、法人和其他组织的合法权益造成的损害所应承担的赔偿责任。它是由国家承担的一种补救性的法律责任。国家赔偿是宪法中关于赔偿请求权的具体化。

2. 环境资源民事诉讼

（1）环境资源民事诉讼的特点。环境资源民事纠纷的行政调解处理程序不是处理纠纷的必经程序。一旦纠纷发生，当事人可以请求行政调解处理，也可以直接向人民法院起诉。即使当事人请求行政调解处理，也可能调解不成，甚至即使调解达成协议，但当事人不自觉履行，这都将引起民事诉讼程序的发生。环境民事诉讼程序较一般民事诉讼程序，有以下几种特点。

第一，举证责任转移原则。所谓举证责任转移原则，是指受害者不必提出包括致害者有过错等证据，而只需提出致害者已有污染危害环境行为等证据，以及自己受损失是由于致害者排污行为所导致的事实，赔偿要求即告成立，如果致害者否认，就必须提出反证。

第二，因果关系推定原则。传统的因果关系理论是"必然因果关系"理论，根据这一理论，只有行为人的行为与损害结果之间有着内在的、本质的、必然的联系时，才具有法律上的因果关系；如果行为与损害结果之间只是外在的、偶然的联系，则不能认定二者之间的因果关系。但是，由于环境侵权具有潜伏性、复杂性、广泛性的特点，其危害结果的发生往往须经长时间反复多次的侵害甚至是多种因素的复合积累以后，才能显现，且常常牵涉非一般常人所能了解的高科技知识，因而因果关系难以认定。倘若固守传统的因果关系理论，势必因证明之困难而否定受害人请求损害赔偿的权利。为此，环境民事诉讼中适用因果关系推定原则。

第三，较长的诉讼时效。关于 20 年长期诉讼时效的规定在此仍然适用，即如果当事人不知道或者不能知道的，要求赔偿的诉讼时效期间为 20 年。

在 3 年特殊诉讼时效的规定中，计算诉讼时效时，是"从当事人知道或者应当知道受到损害时起计算"，而一般是"从权利被侵害时起计算"，这是因为环境污染损害结果的出现，往往是滞后于环境污染行为的。

（2）我国环境民事公益诉讼。

第一，社会组织可提起环境公益诉讼。《环境保护法》明确规定，社会组织可以向人民法院提起诉讼。按照《环境保护法》，提起诉讼的社会组织必须符合相应条件：①属于在设区的市，自治州、盟、地区，不设区的地级市，直辖市的区以上人民政府民政部门登记的社会团体、民办非企业单位以及基金会；②章程确定的宗旨和主要业务范围是维护社会公共利益，且从事环境保护公益活动的；③在提起诉讼前 5 年内未因从事业务活动违反法律、法规的规定受过行政、刑事处罚的。

此外，提起诉讼的社会组织不得通过诉讼牟取经济利益。社会组织有通过诉讼违法收受财物等牟取经济利益行为的，人民法院可以根据情节轻重依法收缴其非法所得、予以罚款；涉嫌犯罪的，依法移送有关机关处理。社会组织通过诉讼牟取经济利益的，人民法院应当向登记管理机关或者有关机关发送司法建议，由其依法处理。但是，情节轻微的违法行为、社会组织成员以及其法定代表人个人的违法行为并不影响社会组织提起诉讼。

第二，环境公益诉讼不受地域限制。环境公益诉讼不受地域限制表现在两个方面：①环保社会组织的地域活动范围不受地域限制，可以在异地提起诉讼；②环境民事公益诉讼案件可以跨行政区划管辖。

第三，同一污染环境行为的私益诉讼可搭公益诉讼"便车"。因同一污染环境、破坏生态行为提起的环境民事公益诉讼与私益诉讼在诉讼目的、诉讼请求上存在区别，但在审理对象、案件事实认定等方面又存在紧密联系。因此，法律规定的机关和社会组织提起环境民事公益诉讼的，不影响因同一污染环境、破坏生态行为受到人身、财产损害的公民、法人和其他组织依据

《中华人民共和国民事诉讼法》的规定提起诉讼。既可以提高私益诉讼的审判效率，又可以防止作出相互矛盾的裁判。

3.环境资源刑事诉讼

环境犯罪是严重危害自然环境和人类社会的一种犯罪形式，由于环境犯罪涉及高深的环境科学技术背景，其犯罪发生机制也与普通刑事犯罪存在诸多不同之处，如犯罪客体的综合性，致害的间接性，损害的隐蔽性、长期性，危害行为与危害结果的因果关系的判断等。有必要对现行刑事诉讼制度的诸多方面加以完善以适应环境诉讼的要求。

（1）现行立案制度的弊端及其完善。立案是刑事诉讼程序开始的重要标志，没有立案，就不能启动对环境犯罪刑事责任的追究程序。现行刑事诉讼法的立案标准过于严格，可能会致使大量的环境犯罪案件被法律排除在外。这是由于：①多数环境犯罪是伴随着经济活动而产生的，因此许多环境污染或环境破坏行为的危害性评价标准模糊，对环境犯罪成立与否不易把握；②长时间以来社会普遍对环境犯罪的危害性的认识不足，影响了有权机关对环境污染和环境破坏行为社会危害性的评价，由于立案的标准是主观标准，能否立案在很大程度上取决于有权机关在主观上是否认为某种环境污染或环境破坏行为已经对社会构成了严重的危害；③多数污染环境犯罪的危害结果往往不是立即出现，而是要经过环境介质长时间的传递才能显现出来，因此，当时不认为是犯罪的，嗣后可能会构成犯罪。

（2）现行审判管辖制度的弊端及其完善。审判管辖可以根据不同标准分为地域管辖、级别管辖等，根据刑事案件的不同性质、可能判处的刑罚的严厉程度又可以由不同级别的法院管辖。就目前来讲，我国还没有成立专门的环境法院的迹象，只能在现有的司法体制内查办环境犯罪案件，因此当前不存在环境犯罪案件的部门管辖问题。环境犯罪具有不同于普通刑事犯罪的诸多特质，如潜在危险性、因果关系难以判断、危害过程复杂等，因此，办理环境刑事案件需要相当的环境保护专业知识、必要的鉴定设备、专门的司法人员。但是现实的情况是，几乎所有的环境犯罪案件均由基层人民法院按照普通刑事案件审判。而我国目前的情况是，在公安、检察、审判人员中，真正了解环保专业知识的人并不多，越是级别低的司法机关，情况就越严重。这种状况对环境犯罪的追究产生了消极的影响。

（3）现行起诉权限分配制度的弊端及其完善。根据我国《中华人民共和国刑事诉讼法》（以下简称《刑事诉讼法》）的规定，公诉案件的起诉权属于人民检察院；告诉才处理的案件，被害人有证据证明的轻微刑事案件，公安、检察机关应立案而不立案的案件属于自诉案件，由被害人提起自诉。其他机关和个人都无权提起诉讼。但是，鉴于许多环境犯罪的高技术含量，不应把环境保护行政管理机关排除在起诉权之外。我国的环境保护机关既是政府的职能部门，又是环境保护方面的专门机构，其专业技术水平是一般公安、检察机关所不能望其项背的。

（4）现行追诉期限制度的弊端及其完善。关于犯罪的追诉期限，根据我国《刑法》规定，法定刑最高为5年有期徒刑的犯罪，追诉时效为5年；法定最高刑为5年以上不满10年有期徒刑的犯罪，追诉时效为10年；法定最高刑为10年以上有期徒刑的犯罪，追诉时效为15年；法定最高刑为无期徒刑、死刑的犯罪，追诉时效为20年；如果20年以后认为仍必须追诉的，必须报最高人民检察院核准。对于已经被采取强制措施而逃避侦查或审判的，不受追诉时效的限制。我国《刑事诉讼法》也规定，对于超出追诉时效的，不再追究刑事责任。就我国现行环境刑法的规定来看，大部分环境犯罪的追诉时效为10年，少数情况下为15年。现行《刑事诉讼法》和《刑法》的规定可能会导致大量的环境污染犯罪得不到追究，因为污染环境的犯罪其危害结果具有长期潜伏性，其发案时间常常少则几年，多则十几年、二十几年、几十年，加之危害行为与危害后果不易察觉，所以这样短的追诉时效会放纵大量的环境犯罪。因此，根据环境犯罪的特性而对追诉时效作出相应的改造乃是当务之急。

（5）现行举证责任制度的弊端及其完善。我国现行刑事诉讼制度实行无罪推定原则，故举证责任一般在侦查、起诉机关，被告不自证其罪，这是刑事诉讼法治的最基本要求之一。这对于一般刑事案件的诉讼程序来讲，无疑是必须坚持的。但是，对于污染环境类环境刑事案件来讲，这就有可能造成放纵犯罪的恶果。这是因为，在现代商业社会，企业的商业秘密对一个企业的生存和发展至关重要，往往决定着一个企业的命运，因而商业秘密受法律的严格保护，对侵犯商业秘密的行为，要承担相应的法律责任，因此，企业的生产工艺、流程、配料等无从为外人所知晓。在这种情况下，当该企业在经营过程中污染环境时，常常难以查清该企业究竟是利用何种生产方法危害环境的；而企业又不能公开其商业秘密，如果强迫其提供证据则将被禁止，因为企业不负自证其罪的义务。而环境污染后果究竟是如何导致的，又只有被告才知道。当没有其他证据可以采用，或查证极为困难、查证的代价极其高昂或技术难以支持时，由于控方缺乏充分、确实的证据，因而会作出无罪宣判。这是有悖公平和正义的，也不利于社会的安全和预防犯罪。

二、环境资源法的法律的责任

(一) 环境资源法律责任特点

环境资源法律责任是环境主体因不履行环境义务而依法应承担的否定性的法律后果。按其性质可分为环境行政责任、环境民事责任和环境刑事责任。环境资源法律责任具有以下几种特点。

第一，环境资源法律责任具有自身的特殊性。从环境资源法律责任的构成要件来看，环境资源民事法律责任的承担不以违法为必要前提；环境资源民事法律责任的构成实行无过错责任制。

第二，环境资源法律责任的责任形式有其特殊性。很多情况下，在环境资源民事法律责任和环境资源行政责任对违反环境资源法律行为的责任承担中，恢复原状可能最能代表环境资源保护的目的。

第三，环境资源法律责任趋重化。具体表现在四方面：①加重了行政处罚的程度，环境法中，有责令污染企业停产、搬迁、关闭的规定，这对企业来说是致命的处罚；另外，行政处罚加重的最明显标志是罚款金额的增加。②实行惩罚性损害赔偿，当环境污染损害发生以后，有关管理部门责令行为人向国家支付一定的环境损害赔偿费，其费用往往大于损害的实际价值；③制定特别刑法，严厉惩罚环境犯罪。④实行两罚或多罚制度，环境法中的两罚或多罚制度，是指对于违反环境法或造成环境污染破坏的行为，除了追究直接责任人的责任外，还要追究该行为人所属单位及其领导者或其雇主责任的法律责任制度。

(二) 环境资源行政责任

1. 环境资源行政责任的构成

环境行政责任构成要件是指依法追究行政责任时，违法者所必须具备的主、客观条件，这些条件是由环境资源法所规定的。具体来说，环境行政责任构成要件如下。

（1）行为人的违法行为。环境违法行为是指行为人实施了环境法律禁止的行为或违反了环境法律规定的义务。环境违法行为是构成环境资源行政责任的必要要件之一。

《中华人民共和国环境保护法》(以下简称《环境保护法》) 规定了企业事业单位和其他生产经营者违法排放污染物，受到罚款处罚且拒不改正的，作出处罚决定的行政机关可以自责令改正之日的次日起，按照原处罚数额按日连续处罚。《环境保护法》规定了企业事业单位和其他生产经营单位有超过污染物排放标准或者超过重点污染物排放总量控制指标排放污染物的；未依法提交建设项目环境影响评价文件或者环境影响评价文件未经批准，擅自开工建设的；重点排污单位不公开或者不如实公开环境信息的；建设项目未依法进行环境影响评价，被责令停止建设，拒不执行的；未取得排污许可证排放污染物，被责令停止排污，拒不执行的；通过暗管、渗井、渗坑、灌注或者篡改、伪造监测数据，或者不正常运行防治污染设施等逃避监管的方式违法排放污染物的；生产、使用国家明令禁止生产、使用的农药，被责令改正，但拒不改正等行为，可以给予不同的行政制裁。

《环境保护法》规定了环境影响评价机构、环境监测机构以及从事环境监测设备和防治污染设施维护、运营的机构，在有关环境服务活动中弄虚作假，对造成的环境污染和生态破坏负有责任的，应当与造成环境污染和生态破坏的其他责任者承担连带责任。规定了地方各级人民政府、县级以上人民政府环境保护主管部门和其他负有环境保护监督管理职责的部门具有对于不符合行政许可条件而予以行政许可；对环境违法行为进行包庇；对依法应当作出责令停业、关闭的决定而未作出的；对超标排放污染物、采用逃避监管的方式排放污染物、造成环境事故以及不落实生态保护措施造成生态破坏等行为，发现或者接到举报未及时查处的；违反该法规定，查封、扣押企业事业单位和其他生产经营者的设施、设备的；篡改、伪造或者指使篡改、伪造监测数据的；对应当依法公开环境信息而未公开的；将征收的排污费截留、挤占或者挪作他用的等违法行为的，应承担相应的行政违法责任。有关的自然资源法规还规定了更具体的应受行政制裁的行政违法行为。

（2）行为人的主观过错。行为人主观上具有过错也是承担行政责任的必要条件之一。就过错而言，有故意和过失两种情形。故意属于明知不能为而为之，在实践中如破坏环境与资源的行为，界定较为容易；而过失则是因疏忽大意或过于自信而导致的行为，实践中确定较难，具体到环境违法行为上则难上加难，这是由于环境损害结果的滞后性造成的。在确定过失的标准上，有以下三种不同意见：①主观标准，即根据行为人的主观心理状态，以其预见能力作为判断过失的标准；②客观标准，即根据不同行业，确定该行业中等水平（平均水平）的人应该预见的范围，作为判断过失的客观标准；③主观与客观标准相结合，以客观标准为主，并且根据具体每一特定案件的具体情况具体分析。我国一般实行过错推定的方法。

2. 环境资源行政责任的形式

（1）环境资源行政处分。行政处分是指国家行政机关、企业事业单位，根据行政隶属关系，依照有关法规或内部规章对犯有违法失职和违纪行为的下属人员给予的一种行政制裁。实施行政处分的单位，必须是具有隶属关系和行政处分权的国家行政主管机关或者企业、事业单位。

环境资源行政处分是指国家机关、企业事业单位按照行政隶属关系，依法对在保护和改善生活环境和生态环境，防治污染和其他公害中违法失职，但又不够刑事惩罚的所属人员给予的一种行政制裁。

环境资源行政处分的特点包括：①实施行政处分的主体必须是具有隶属关系和行政处分权的国家行政机关或企业、事业单位；②行政处分的相对人是行政机关、企业、事业单位内犯有违法失职和违纪行为的下属人员。

（2）环境资源行政处分的对象。

第一，企业、事业单位中实施了破坏或者污染环境的行为，情节较重但又不够刑事惩罚的有关责任人员。法律依据有《水污染防治法》等。这些规定加强了负有污染防治职责的领导人员和责任人的环保意识和责任心，有利于减少行政违法行为。

第二，环境行政监督管理部门的工作人员在执法活动中滥用职权、玩忽职守、徇私舞弊但又尚未构成犯罪的，给予行政处分。法律依据有《环境保护法》等。这些规定对环境行政监督管理机关及其公职人员提出了严格的法律要求，它将有助于国家机关秉公执法和公众的监督。

（3）环境资源行政处分的种类。根据《环境保护法》、各种环境资源单行法律法规，以及《环境保护违法违纪行为处分暂行规定》可知，环境资源行政处分的形式共有七种：①警告，这是对违反行政法律规范的个人、组织的谴责和警诫，是行政处分中最轻的一种处分形式；②记过，这也是一种警诫性的处分，但将记入行为人的档案中；③记大过，这是比记过更严厉的处分形式，除记入行为人档案中外，一般都用书面形式在单位内部公示；④降级，这是指降低受处分人工资级别的处分形式；⑤降职，即降低受处分人原担任的行政职务，是对负有行政领导职务的违法者的一种处分形式；⑥撤职，即撤销受处分人原担任的行政职务，其严重程度比降级、降职的处分形式严厉；⑦开除，这是最严厉的处分形式，是将受处分人从原工作单位除名。

（三）环境资源行政强制

1. 环境资源行政强制的适用范围

环境保护主管部门可以对企业事业单位和其他生产经营者实施查封、扣押的情形有六种：①违法排放、倾倒或者处置含传染病病原体的废物、危险废物、含重金属污染物或者持久性有机污染物等有毒物质或者其他有害物质的；②在饮用水水源一级保护区、自然保护区核心区违反法律法规规定排放、倾倒、处置污染物的；③违反法律法规规定排放、倾倒化工、制药、石化、印染、电镀、造纸、制革等工业污泥的；④通过暗管、渗井、渗坑、灌注或者篡改、伪造监测数据，或者不正常运行防治污染设施等逃避监管的方式违反法律法规规定排放污染物的；⑤较大、重大和特别重大突发环境事件发生后，未按照要求执行停产、停排措施，继续违反法律法规规定排放污染物的；⑥法律、法规规定的其他造成或者可能造成严重污染的违法排污行为。

此外，企业事业单位和其他生产经营者有第一、二、三、六种情形之一的，环境保护主管部门可以实施查封、扣押；已造成严重污染或者有第四、五种情形之一的，环境保护主管部门应当实施查封、扣押。

并非所有违法排污行为都可以予以查封扣押。环境保护主管部门可以在三种情形下不予实施查封、扣押：①城镇污水处理、垃圾处理、危险废物处置等公共设施的运营单位；②生产经营业务涉及基本民生、公共利益的；③实施查封、扣押可能影响生产安全的。

2. 环境资源行政强制的实施程序

（1）调查取证。环境保护主管部门实施查封、扣押前，应当做好调查取证工作。查封、扣押的证据包括现场检查笔录、调查询问笔录、环境监测报告、视听资料、证人证言和其他证明材料。

（2）审批。需要实施查封、扣押的，应当书面报经环境保护主管部门负责人批准；案情重大或者社会影响较大的，应当经环境保护主管部门案件审查委员会集体审议决定。

（3）决定。环境保护主管部门决定实施查封、扣押的，应当制作查封、扣押决定书和清单。查封、扣押决定书应当载明相关事项：①排污者的基本情况，包括名称或者姓名、营业执照号码或者居民身份证号码、组织机构代码、地址以及法定代表人或者主要负责人姓名等；②查封、扣押的依据和期限；③查封、扣押设施、设备的名称、数量和存放地点等；④排污者应当履行的相关义务及申请行政复议或者提起行政诉讼的途径和期限；⑤环境保护主管部门的名称、印章和决定日期。

（4）执行。实施查封、扣押应当符合相应要求：①由 2 名以上具有行政执法资格的环境行政执法人员实施，并出示执法身份证件。②通知排污者的负责人或者受委托人到场，当场告知实施查封、扣押的依据以及依法享有的权利、救济途径，并听取其陈述和申辩。③制作现场笔录，必要时可以进行现场拍摄。现场笔录的内容应当包括查封、扣押实施的起止时间和地点等。④当场清点并制作查封、扣押设施、设备清单，由排污者和环境保护主管部门分别收执。委托第三人保管的，应同时交第三人收执。执法人员可以对上述过程进行现场拍摄。⑤现场笔录和查封、扣押设施、设备清单由排污者和执法人员签名或者盖章。⑥张贴封条或者采取其他方式，明示环境保护主管部门已实施查封、扣押。情况紧急，需要当场实施查封、扣押的，应当在实施后 24 小时内补办批准手续。环境保护主管部门负责人认为不需要实施查封、扣押的，应当立即解除。

（5）送达。查封、扣押决定书应当当场交付排污者负责人或者受委托人签收。排污者负责人或者受委托人应当签名或者盖章，注明日期。实施查封、扣押过程中，排污者负责人或者受委托人拒不到场或者拒绝签名、盖章的，环境行政执法人员应当予以注明，并可以邀请见证人到场，由见证人和环境行政执法人员签名或者盖章。

（6）解除。排污者在查封、扣押期限届满前，可以向决定实施查封、扣押的环境保护主管部门提出解除申请，并附具相关证明材料。查封、扣押措施被解除的，环境保护主管部门应当立即通知排污者，并自解除查封、扣押决定作出之日起 3 个工作日内送达解除决定。

（四）环境资源民事责任

1. 环境侵权特征

环境侵权行为是在环境活动和生产、生活等活动中发生的、不法侵害他人环境权益或财产、人身权益的行为。它包括四种情形：①环境活动侵害环境权益的侵权行为；②环境活动侵害财产、人身等其他权益的侵权行为；③环境活动以外的其他活动侵害环境权益的侵权行为；④环境活动以外的其他活动通过对自然环境的影响作用而侵害财产、人身等其他权益的侵权行为。环境侵权具有以下几种特征。

（1）间接性。环境侵权是人类活动排放的污染物和能量进入环境，使其质量下降之后，才对人体健康、生命安全造成危害，这种间接性以环境为媒介。

（2）利益冲突表现明显。它是一种"合法或适法侵权"，是在一定限度内可以容许的危险。

（3）当事人的不特定性。传统民事侵权中，通常是特定的加害人对特定的受害人的个别权益，如生命、身体、财产等权益的某一种或多种侵害；在环境侵权中，虽然存在特定当事人的情况，但在许多场合下，表现为众多污染源的复合污染对不特定的多数人的多种权益的同时侵害。在后一种情况下，对谁是加害人、谁是受害人很难判定或无法判定。

（4）具有长期性、复合性。环境侵权造成的损害往往波及广阔的地域范围，延续长久的时间，甚至多种因素复合积累之后，才显现出来，所以被害人通常在毫无察觉中遭受损害。环境侵权并非总是由污染物直接作用于人身或财产造成的，往往是在经过转化、代谢、富集等一系列中间环节后才起作用。

2. 环境资源民事责任的特征

民事责任是指当事人在民事活动中违反民事法律规定的义务而应承担的民事法律后果。环境资源民事责任，是民事责任之一种。它是指当事人因污染或破坏环境而侵害了公共财产或他人合法权益而应当承担民事方面的法律后果。环境资源民事责任既包括行为人因污染环境致人损害应承担的责任，又包括行为人因破坏环境致人损害而应承担的责任。环境污染民事责任，与一般的民事责任不同，其主要特征如下。

（1）环境污染民事责任是一种侵权的民事责任。民事责任一般分为违约的民事责任和侵权的民事责任两类。在环境法上，因违约而承担环境民事责任的情况极为罕见，绝大多数情况都是因环境侵权而引起环境民事责任的产生。所以，环境污染民事责任主要是一种侵权责任，而不是违约责任。

（2）环境污染民事责任是一种特殊的侵权行为责任。现代侵权行为责任分为一般的侵权行为责任和特殊的侵权行为责任两类。二者的区分主要在于责任所适用的归责原则不同。一般的侵权行为责任采用过错责任原则，即侵权行为人只有在其本人主观上具有过错而给他人造成损害的情况下，才承担责任。而特殊的侵权行为责任则适用无过错责任原则；换言之，在侵权行为人本身无主观过错而给他人造成损害的情况下，行为人也应承担责任。环境污染民事责任不以致害人的过错为其构成要件，即实行无过错责任。

（3）环境污染民事责任主要是财产责任。一般民事责任主要是财产责任，但不限于财产责任。比如，对人格权、身份权的侵害，并非只靠承担财产责任就能消除侵害后果，还须承担诸如消除影响、恢复名誉、赔礼道歉等非财产责任形式。而因污染危害环境造成公私财产损失或造成他人人身伤害、死亡所应承担的民事责任主要是一种财产责任，是指污染危害环境行为造成他人人身伤害或伤亡导致财产损失的民事赔偿责任。

3. 环境污染民事责任构成要件

（1）有污染环境的行为。这种行为既包括具有违法性的行为，也包括不具有违法性的行为，即合法行为。简言之，只要行为人实施了污染环境的行为，即便这种行为合法，且具备了环境民事责任构成的其他要件，环境污染民事责任即可构成。

（2）有损害事实的存在。损害事实是构成一般民事责任的重要客观条件。行为人只有在其行为造成了损害事实的情况下，才应承担民事责任。如果行为人虽然实施了某种行为，但并没有对他人的人身或财产造成损害事实，行为人便不应承担民事责任。环境民事责任的构成也是如此。在这一要件上，它与一般民事责任的构成并无不同。环境资源法中的民事责任不要求一般民事责任案件中通常意义上的损害事实，只要有危害或者妨碍的状态即可，对于环境民事赔偿责任来说，如果没有损害事实的存在，显然不妥。

（3）污染环境的行为与损害事实之间具有因果关系。所谓的因果关系是指污染环境的行为与损害事实之间所存在的前因后果的联系。只有在行为与损害事实之间具有这种原因和结果联系的情况下，环境民事责任才能构成。应当指出的是，一般民事责任的构成同样要求行为与损害事实之间具有因果关系。但是，一般民事责任构成中要求的因果关系与环境民事责任构成中所要求的因果关系在认定的方法上有所不同。一般民事责任构成中因果关系的认定要求有极为严格的直接证明，而环境民事责任构成中因果关系的认定则不要求十分严密的、必然的因果关系证明，可采用"推定"的方法认定二者之间的因果关系。环境侵权的间接性导致因果关系的认定无论是原因的寻找，还是原因与结果之间的联系性的确定都更为困难，按传统的直接因果关系认定也解决不了现实中的问题。

4. 环境资源民事责任的承担方式

环境资源民事责任承担方式是指实施了污染或破坏环境的行为，应当承担环境民事责任的人承担责任的具体方式。关于环境民事责任承担的具体方式，我国目前并未作专门规定。从我国《环境保护法》及其他有关法律的规定来看，承担环境民事责任的具体方式主要有两种，即排除危害和赔偿损失。

（1）排除危害。所谓排除危害，是指由实施了环境污染侵权行为的人采取措施排除其行为对他人造成的环境污染危险或威胁。排除危害，主要是指排除已经造成的环境污染危害，但在实践中，不仅指排除已经产生了的环境污染危害，而且还指排除正在产生或实际可能产生的环境污染危害。因此，在我国的司法实践中，"排除危害"这种环境资源民事法律责任形式不仅适用于公民或法人的财产或人身因其他单位或个人的环境污染侵权行为已经受到环境污染危害的情形，也适用于公民或法人的财产或人身因其他单位或个人的环境污染侵权行为正在受到或可能受到环境污染危害的情形。

（2）赔偿损失。赔偿损失是承担环境民事责任的一种最常见的责任形式，指环境侵权行为人以自己的财产补偿其行为给他人所造成的人身伤害和财产损失。它既适用于环境污染侵权所造成损害的情况，也适用于环境破坏侵权所造成损害的情况。赔偿的范围主要是财产损失、人身伤害和精神损害。

第一，财产损害赔偿。全部实际财产损失具体包括财产的直接损失和间接损失两个部分。直接损失是指受害人现有财产的直接减损，包括受害人财物的损坏、减少和灭失；间接损失是指在正常情况下，受害人未来应当得到的利益。这些利益只是由于加害人的侵害行为才未能得到，是受害人在一定范围内的未来财产利益的损失。

第二，人身损害赔偿。对于人身伤害，一直以来在民法学界都有不同的认识。目前，较为普遍的看法是：人身伤害是指民事主体的生命、健康、身体权受到不法侵害，造成致伤、致残、致死的后果以及其他损害，其所概括的具体内容为：①侵害身体权所造成的损害；②人体致伤；③人体致残；④致人死亡；⑤侵害身体权、健康权、生命权所致的精神损害。因环境污染所导致的人身伤害包括以上一般人身伤害所概括的后四项内容。

第三，精神损害赔偿。精神损害赔偿的方式，就其性质而言，它既表现为对造成他人精神损害之加害人的制裁措施，又表现为对受害人所受精神或肉体痛苦的补偿或救济方法。目前，在司法实践中，法院判令加害人以支付精神损害抚慰金的方式承担精神损害赔偿责任的较为常见。因为，金钱是能够使精神损害的受害人获得必要利益的万能的财产的等价物，它往往更容易为被害人所接受。所以，因侵权致人精神损害，造成严重后果的，人民法院除判令侵权人承担停止侵害、恢复名誉、消除影响、赔礼道歉等民事责任外，可以根据受害人一方的请求判令其赔偿相应的精神损害抚慰金。

（五）环境资源刑事责任

1. 环境犯罪的概念界定与特征

（1）环境犯罪的概念。关于环境犯罪的概念，众说纷纭，总结起来，有以下几种观点。

第一，以保护人的权益为出发点的环境犯罪概念。这类概念是从刑法保护人的生命健康和财产功能出发，通过对人的基本利益的保护而达到保护环境的目的。如，危害环境罪是指通过恶化环境而危害人的生命、健康和财产等的犯罪。它要求产生一定的危害，至少对人类的根本利益存在抽象的危险，并以此证明行使刑事制裁的正当性。这类概念停留在对人的利益的保护上，是"人为万物之主"的人类利益至上的传统立法观的反映。在这种观念指导下，必然导致对环境及资源的恣意污染及掠夺性开发，不利于保护环境。

第二，以侵害救济为出发点的环境犯罪概念。如危害环境罪是指自然人故意或过失、法人（包括特殊法人国家）无过失地污染、破坏环境及自然资源，从而严重损害环境要素及人类健康和生命或损害巨额公私财产的行为。这一概念强调以情节恶劣或严重，后果重大或严重作为构成环境犯罪的前提条件，这是传统刑法救济的特点，即侵害救济，也就是判断其行为是否具有刑事违法性，原则上是以法律所保护的利益是否受到相当程度的侵害作为判断标准的。这种概念势必将环境犯罪中的危险犯及行为犯排除在外，不符合环境犯罪的特征（如环境犯罪的伴生性、间接性、连续性和广泛性等），使法律上出现不应有的漏洞，同时也不符合环境保护法"预防原则"。

第三，以保护环境权益为出发点的环境犯罪概念。这类环境犯罪的定义突破了传统的刑法理念，加强了环境犯罪的独立性。如，环境犯罪是指自然人或非自然人主体，故意、过失或无过失实施的污染大气、水、土壤或破坏土地、森林、草原、珍稀濒危动物等生态环境和生活环境，具有现实危害性或实际危害后果的作为或不作为行为。这一概念从指导思想上发生了质的转变，将环境法益作为一种独立的法益看待。

环境犯罪是指违反环境法，故意或过失地造成或足以造成严重环境损害后果，应受到刑罚处罚的行为。环境犯罪非为个罪，而是包含数种犯罪的一类犯罪的统称，并且是一个综合型的犯罪类别。

（2）环境犯罪的特点。

第一，具有间接性，以环境为媒介。环境犯罪直接针对环境进行，一般是污染和破坏环境，从而造成他人人身或财产的损害。

第二，环境犯罪行为后果严重，危险更大。环境犯罪侵犯的对象多表现为不特定的多数人，环境污染或破坏环境的行为造成的社会危害性已经达到依照《中华人民共和国刑法》规定为犯罪并应处以刑罚的程度，这种社会危害性一般表现为各种具体犯罪行为的轻罪、重罪的程度，例如，"数量较大""严重后果""情节严重""情节特别严重"等。

第三，环境犯罪的主体大多为法人。

2. 环境犯罪的构成要件

（1）环境犯罪的客体。犯罪客体是犯罪行为所侵犯的为刑法所保护的社会关系。我国理论界和实务界对环境犯罪的客体均未形成一致的观点。主要观点包括：①环境权说，即环境犯罪侵犯的是国家、法人和公民的环境权；②环境保护制度说，即环境犯罪的客体为国家对环境保护及污染防治的管理制度；③复杂客体说，即环境犯罪侵犯的是公民的所有权、人身权和环境权；④双重客体说，即环境犯罪的客体是刑法所保护的、而为环境犯罪所直接侵犯的人与自然之间的生态关系和为环境犯罪所间接侵犯的人与人之间的社会关系；⑤广义说和狭义说，广义环境犯罪侵犯的客体为环境权，狭义环境犯罪侵犯的客体是国家的环境保护管理秩序。

环境犯罪所侵犯的客体是国家环境资源管理制度。这是因为环境犯罪具有行政从属性，即危害环境行为是否构成犯罪，全部或部分地决定于是否符合环境行政法上的要求，一般是环境行政违法行为具有的社会危害性已经达到刑法规定的犯罪的程度，依法追究刑事责任的行为即构成环境犯罪。

（2）环境犯罪的客观方面。环境犯罪的客观方面，是指环境犯罪行为的客观外在表现，是犯罪行为人在有意识、有意志的心理态度支配下表现在外的事实特征。

依据不同的标准对环境犯罪行为可有以下不同划分。

第一，从犯罪手段上，可将环境犯罪行为分为污染环境行为和破坏环境行为两类。污染环境的行为，通常是指自然人或单位向环境排放大量污染物质，导致环境质量下降，造成或足以造成严重后果的危险行为。破坏环境的行为，是指自然人或单位在开发、利用自然环境资源的过程中，非法摄取环境资源，改变或破坏生态平衡，情节严重的行为。如，非法采矿行为、破坏性采矿行为、非法捕捞水产品的行为等。

第二，从环境犯罪的行为状态上分析，环境犯罪行为有行为犯（举动犯和危险犯）和结果犯之分。其中，举动犯，是指行为人只要实施了法律禁止的行为，不管是否造成了现实的危害结果，也不论是否使犯罪对象处于某种危险之中，即可构成犯罪的情形。我国《刑法》关于环境犯罪的规定大多是以结果犯为处罚对象的，如非法捕捞水产品罪、非法占用耕地罪、非法采矿罪、破坏性采矿罪、环境监管失职罪、违法发放林木许可证罪等。

危险犯不同于结果犯，它是指行为人实施的足以造成某种危害危险的犯罪行为，虽然其结果尚未发生，但危险状态已造成即构成犯罪既遂，这种犯罪就是危险犯。其特征有三：①"危险"是客观存在的，不是主观臆想或推测的；②"危险"是针对人类环境而言的，是使环境犯罪的对象处于危险状态；③"危险"的程度是较为严重的，即有可能造成范围广、程度深、难以恢复的环境污染或破坏，甚至危及人身安全或造成公私财产的重大损失。将某些环境犯罪规定为危险犯，主要是基于环境资源本身的价值考虑的。我国目前刑事立法中尚无危险犯的规定。

第三，从行为人实际实施犯罪的行为形态看，可将环境犯罪行为分为作为犯罪和不作为犯罪。作为行为，是指行为人以积极的行动实施了环境保护法律法规所禁止的行为。在法律法规中涉及主体的作为义务时，一般以"严禁……"和"不准……"之类的条款出现，而当事人如果实施了这些行为，即构成了作为犯罪。不作为，是指以消极的、抑制的形式表现的具有法律意义的行为。一般认为，不作为特定义务的来源有：法律上的明文规定；职业或业务上的要求；行为人先前的行为。不作为犯罪，则是指以不作为形式实现的犯罪，即负有特定法律义务，能够履行该义务而不履行，因而危害社会，依法应当受到刑罚处罚的行为，如环境监管失职罪，就是典型的不作为环境犯罪。而除此以外的环境犯罪行为，基本上都是作为犯罪。

（3）环境犯罪的主体。环境犯罪的主体指实施了危害社会行为的单位和个人，个人是指达到法定年龄并具有责任能力的我国公民、外国人或者无国籍人。具有一定特殊身份的人才能构成的犯罪主体，是犯罪的特殊主体。这里的"身份"，是指刑法所规定的影响行为人刑事责任的行为人人身方面特定的资格、地位或状态。在我国《刑法》中，对行为类似的特殊主体的犯罪较一般主体的犯罪规定的刑罚相对重些。

（4）环境犯罪的主观方面。犯罪的主观方面是行为构成犯罪的必要条件，是行为人承担刑事责任的主观基础，它是犯罪主体对自己行为的危害结果所持的心理态度。其罪过形式有两种：犯罪故意和犯罪过失。

犯罪故意与犯罪过失之间存在着严格的区别：①在认识因素方面，犯罪故意是明确认识到自己的行为会发生危害社会的结果；而犯罪过失是没有认识到自己的行为会发生危害社会的结果，或虽已认识到，但又基于对抑制危害结果的有利条件的主观估计，而认为自己的行为不会发生危害社会的结果。②在意志因素方面，犯罪故意是希望或放任危害结果的发生；而犯罪过失则是主观上希望危害社会结果不发生或者排斥危害社会结果的发生。由此可见，犯罪故意较之犯罪过失而言具有更为严重的主观恶性。

3. 环境犯罪的刑事责任

"在我国，环境犯罪案件的数量逐年增长，环境刑事附带民事公益诉讼制度在追究环境犯罪案件上显示出巨大的优势，在司法实务界得到积极的推行。"[①] 刑事责任是指犯罪人由于犯罪而依法应当向国家承担的由国家对其行为所作的否定和谴责的强制性义务。环境资源刑事责任是刑事责任的一种，指个人或者单位（包括法人和其他组织）因违反环境保护法，严重污染或者破坏环境和自然资源，造成或者可能造成公私财产重大损失或者人身伤亡的严重后果，触犯刑法构成犯罪所应负的刑事方面的法律后果。在环境资源法律责任中，刑事责任是最为严厉的一种强制性义务。刑罚是承担环境资源刑事责任的基本方法。

（1）我国环境资源刑事责任的具体规定。

第一，对污染环境罪的刑罚。按照危害后果的不同分为：后果严重的，处 3 年以下有期徒刑或者拘役，并处或者单处罚金；后果特别严重的，处 3 年以上 7 年以下有期徒刑，并处罚金。

第二，对非法倾倒、堆放、处置进口的固体废物罪的刑罚。依照不同的危害程度和危害后果分为：将境外固体废物进境倾倒、堆放、处置的犯罪行为，处 5 年以下有期徒刑或者拘役，并处罚金；上述行为造成了重大污染事故，致使公私财产遭受重大损失或者严重危害人体健康的，处 5 年以上 10 年以下有期徒刑，并处罚金；造成后果特别严重的，处 10 年以上有期徒

① 李添姿.环境资源刑事附带民事公益诉讼制度研究 [D].海口：海南大学，2021：4.

刑，并处罚金。

第三，对擅自进口固体废物罪的刑罚。按照造成危害后果的大小分为两个档次：对造成严重后果的，处5年以下有期徒刑或者拘役，并处罚金；对后果特别严重的，处5年以上10年以下有期徒刑，并处罚金。

第四，对非法捕捞水产品罪的刑罚。处3年以下有期徒刑、拘役、管制或者罚金。

第五，对非法捕猎、杀害国家重点保护珍贵、濒危野生动物罪和非法收购、运输、出售国家重点保护珍贵、濒危野生动物及其制品罪的刑罚。一般情节的，处5年以下有期徒刑或者拘役，并处罚金；情节严重的，处5年以上10年以下有期徒刑，并处罚金；情节特别严重的，处10年以上有期徒刑，并处罚金或者没收财产。这两种犯罪行为关系密切，前者往往是促使后者发生的动因，我们应对多次从事非法收购、运输、出售国家重点保护珍贵、濒危野生动物罪的，从重处罚。

第六，对非法狩猎罪的刑罚。处3年以下有期徒刑、拘役、管制或者罚金。

第七，对非法占农用地罪的刑罚。处5年以下有期徒刑或者拘役，并处或者单处罚金。

第八，对非法采矿罪的刑罚。造成矿产资源破坏的，处3年以下有期徒刑、拘役或者管制，并处或者单处罚金；造成矿产资源严重破坏的，处3年以上7年以下有期徒刑，并处罚金。

第九，对破坏性采矿罪的刑罚。处5年以下有期徒刑或者拘役，并处罚金。

第十，对非法采伐、毁坏国家重点保护植物罪和非法收购、运输、加工、出售国家重点保护植物、国家重点保护植物制品罪的刑罚。对一般情节的，处3年以下有期徒刑、拘役或者管制，并处罚金；情节严重的，处3年以上7年以下有期徒刑，并处罚金。

第十一，对盗伐林木罪的刑罚。数量较大的，处3年以下有期徒刑、拘役或者管制，并处或者单处罚金；数量巨大的，处3年以上7年以下有期徒刑，并处罚金；数量特别巨大的，处7年以上有期徒刑，并处罚金。此处，对数量特别巨大的盗伐林木罪的刑罚，按我国原《刑法》和《关于严惩严重破坏经济的罪犯的决定》的规定，即对其"判处 10 年以上有期徒刑，无期徒刑或者死刑，可以并处没收财产"，降为"处 7 年以上有期徒刑，并处罚金"。这种修改是不妥当的，因为森林的生态效益价值远远超过森林作为木材的经济价值。我国新《刑法》对数量特别巨大的盗窃罪仍保留了死刑，而对同样数额的盗伐林木罪规定最重的刑罚只能是 15 年，是忽略了森林的生态价值的，这是刑法非生态化的表现，不利于保护生态环境和可持续发展战略的实施。

第十二，对滥伐林木罪的刑罚。数量较大的，处 3 年以下有期徒刑、拘役或者管制，并处或者单处罚金；数量巨大的，处 3 年以上 7 年以下有期徒刑，并处罚金。盗伐、滥伐国家级自然保护区内的森林或者其他林木的，从重处罚。

第十三，对非法收购、运输盗伐、滥伐的林木罪的刑罚。情节严重的，处 3 年以下有期徒刑、拘役或者管制，并处或者单处罚金；"情节特别严重的"，处 3 年以上 7 年以下有期徒刑，并处罚金。

（2）我国环境资源刑事责任的特点。根据具体规定，关于刑罚体例的设置，我国环境刑事立法针对环境犯罪的特点如下。

第一，摒弃死刑的应用、突出自由刑的刑罚措施。刑法规定对于环境犯罪适用的自由刑主要是有期徒刑、拘役和管制，而适用于环境犯罪的附加刑则只有罚金刑和没收财产。

第二，实行"双罚制"，即单位犯有破坏环境资源保护罪类中的某具体犯罪时，除对单位追究刑事责任外，还对单位直接负责的主管人员和其他直接责任人员处以该具体犯罪相应的刑罚。

第四章　环境法下环境污染防治法体系及方法

第一节　环境污染防治法及其制度体系

一、环境污染防治法

环境污染防治法也称污染控制法、污染预防法或公害规制法。环境污染防治法有广义和狭义之分：广义上的环境污染防治法，是指所有与预防和减少污染物排放、恢复和治理环境污染有关的法律的总称；狭义上的环境污染防治法，特指以污染因子控制为目的的法律。

环境污染防治法明确了环境保护的基本原则和政策。该法强调了预防为主、治理为辅的原则，提倡源头治理，鼓励采取先进的清洁生产技术和环境友好型生产方式，减少环境污染物的排放。此外，环境污染防治法还规定了环境损害责任的追究原则，明确了环境违法行为的惩罚措施，激励各方遵守环境法律法规，保护生态环境。环境污染防治法规定了不同类型环境污染源的排放标准和管控要求。根据不同的污染源和行业特点，该法规定了大气污染物、水污染物、固体废物等的排放标准和排放控制要求，以保障环境质量和公众健康。此外，该法还对特定的污染源和污染物设置了减排目标和限制要求，促进企业减少排放、节约资源。

二、环境污染防治法的制度体系

(一) 环境污染防治法的类型

环境污染防治法是一系列旨在保护和改善环境质量、减少污染物排放、管理环境资源的法律法规。这些法律法规涵盖了各个方面的环境保护，包括空气、水、土壤等各种环境要素。环境污染防治法的主要类型如下。

1. 大气污染防治法

"大气污染是当前全球面临的严重环境问题之一，对人类健康和生态系统造成了严重威胁。"[①] 大气污染防治法是为了解决空气污染问题而制定的法律法规。其核心目标在于控制和减少工业、交通、农业等活动产生的大气污染物排放，从而改善大气环境质量，保护公众健康。这类法律通常包含以下几方面内容。

（1）大气污染防治法规定了大气污染物的排放标准和限制。根据不同的污染源和大气环境的特点，制定了一系列的大气污染物排放标准，包括二氧化硫、氮氧化物、颗粒物等。这些标准限制了污染物的排放浓度和总量，旨在减少大气污染物的排放，改善空气质量。

（2）大气污染防治法设立了相应的监测、监管、处罚机制。法律要求建立健全的大气环境监测网络，对大气污染物的浓度和分布进行监测和评估。同时，法律规定了政府部门对大气污染的监管责任，加强对污染源的监督和管理。对于违反排放标准的行为，法律还设立了相应的处罚措施，以强化对大气污染行为的惩治，维护大气环境的清洁和健康。

2. 水污染防治法

水污染防治法是为了保护和管理水资源，防止水体受到各种污染物的污染而制定的法律法规。其主要目的在于确保水质符合环境质量标准，维护水生态系统的健康和生物多样性。这类法律一般包含以下几方面内容。

（1）水污染防治法规定了水体的质量标准和排放标准。这些标准根据水体的不同用途和生态功能制定，包括饮用水、农业用水、工业用水等不同用途的水质标准。同时，法律还规定了各类污染物的排放标准，包括有机物、重金属、氮、磷等常见的污染物。这些标准和限值旨在保证水质清洁、安全，不会对人类健康和生态环境造成危害。

（2）水污染防治法要求各类排放源进行净化处理。这包括工业企业、农业生产、城市生活污水等各种排放源。法律规定了不同行业、不同排放源的净化处理要求，要求其采取有效的污染控制措施，减少或清除排放物，降低对水环境的影响。

---

① 刘红霞. 环境保护工程中大气污染防治要点分析 [J]. 皮革制作与环保科技，2023，4（24）：120.

（3）水污染防治法强调了对水资源的保护和管理责任。法律规定了政府部门和各类排放源的管理责任，要求其加强对水环境的监测、监管和保护。同时，法律还设立了相应的处罚机制，对违反排放标准的行为进行处罚，以维护水环境的整体质量和稳定。

3. 土壤污染防治法

土壤污染防治法是为了保护和管理土壤资源，预防和治理土壤受到各种化学物质、重金属等有害物质污染而制定的法律法规。这类法律的主要目的在于保障土壤资源的可持续利用，维护土壤生态系统的健康和功能完整性。具体而言，土壤污染防治法包含以下几方面内容。

（1）法律通常规定了土壤质量标准和土壤污染物的排放标准。这些标准是根据土壤的用途和生态功能而制定的，包括农田土壤、工业用地土壤、建设用地土壤等不同类型的土壤质量标准。此外，法律还规定了土壤中各类污染物的限量标准，要求排放源对土壤中的污染物进行净化处理，以保证土壤质量符合环境质量标准。

（2）土壤污染防治法要求对污染土壤进行修复和治理。一旦土壤被污染，法律规定了相应的修复和治理程序，包括污染源的排查、土壤污染程度的评估、修复方案的制定和实施等步骤。这些程序旨在尽快清除和修复土壤污染，恢复土壤的原有功能和生态价值。

（3）土壤污染防治法强调了对土壤资源的保护和管理责任。法律规定了政府部门和各类污染源的管理责任，要求其加强对土壤污染的监测、监管和治理工作。同时，法律还设立了相应的处罚机制，对违反土壤污染防治法规定的行为进行处罚，以保障土壤资源的整体质量和稳定。

4. 废物污染防治法

废物污染防治法是为了规范和管理各类废物的处理和处置，以防止废物对环境造成污染和危害而制定的法律法规。这类法律的核心目的在于保护环境和人类健康，促进资源的可持续利用和循环利用。具体而言，废物污染防治法包含以下几方面内容。

（1）法律规定了废物的分类、处理、运输、处置等方面的要求。根据废物的性质、来源和危害程度，将其进行分类，并规定了相应的处理和处置方式。例如，可回收物、有害废物、生活垃圾等不同类型的废物需要采取不同的处理措施，以确保其得到安全处理和无害化处置。

（2）废物污染防治法强调废物资源化、减量化、无害化处理。法律鼓励并规定了废物的资源化利用，促进废物资源的再生利用和循环利用。同时，法律要求采取有效的措施减少废物的产生量，推动生产过程中的废物减量化。此外，法律还规定了对废物的无害化处理要求，确保废物处理过程中不会对环境和人类健康造成危害。

（3）废物污染防治法强调了对废物处理和处置单位的监管和管理。法律规定了废物处理单位的准入条件、运营要求和监管责任，确保其符合环保要求和安全标准。同时，法律还规定了对违反废物处理规定的行为进行处罚，以保护环境和维护公共利益。

5. 噪声污染防治法

噪声污染防治法是为了解决城市、工业、交通等领域产生的噪声污染问题而制定的法律法规。其主要目的在于规范和控制噪声排放，保障人民的生活环境和健康。具体而言，该法律规定了以下几方面内容。

（1）噪声污染防治法规定了噪声排放标准。根据不同环境和场所的特点，制定了相应的噪声排放标准，限制噪声的分贝值和频率。这些标准适用于各类噪声源，包括工厂、建筑工地、交通运输等，以确保噪声污染控制在合理范围内。

（2）噪声污染防治法规定了噪声控制措施。法律要求各类噪声源采取有效的措施控制噪声排放，包括安装隔声设施、调整设备运转方式、采用低噪声技术等。此外，法律还规定了在建设项目、城市规划等方面应当考虑噪声控制因素，合理设计和布局，减少噪声对周围环境的影响。

（3）噪声污染防治法强调了对噪声污染的监督和管理。法律规定了政府部门对噪声污染的监测、监管和处置责任，加强对噪声排放单位的监督和检查。同时，法律还设立了相应的处罚机制，对违反噪声排放标准和控制措施的行为进行处罚，以维护公众的生活环境和健康权益。

（二）环境污染防治法制度的思路与过程

1. 环境污染防治法制度的思路

由于环境污染的产生和发展机制基本相同，因此不论是对物质流污染的防治还是对能量流污染的控制，在总体上有关法律制度和措施的安排和运用基本相同。为此，环境污染防治法所确立的法律控制措施也必须与上述环境污染的产生和发展规律相结合。其确立法律制度的基本思路如下。

（1）应当针对环境质量状况的现实条件和需要，明确该环境区域是否允许污染物质和致害能量，或者在何种程度上允许哪些污染物质和致害能量的散发和排放。

（2）对产生污染物质和致害能量的发生源采取应对和控制措施，使污染物质和致害能量的散发和排放符合行政上的规定与要求。

（3）针对环境的临界负荷和环境容量，确定对经行政许可散发和排放污染物质和致害能量的环境采取何种程度的恢复、治理措施。

（4）对可能发生的污染事故、事后的污染损害等确立相应的补救或救济措施。

2. 环境污染防治法制度的过程

综合环境保护法和其他单项环境污染防治法律的规定，环境保护法的基本制度和单项环境污染防治的共同性法律制度会贯穿于环境污染防治的全过程。

（1）由政府与经济、环保等部门在宏观决策环节将经济、社会发展与环境保护相协调。主要制度包括：①各级政府及其环境资源主管部门应当按照国民经济和社会发展规划纲要编制环境与资源保护的规划并逐步实施；②政府应当结合主体功能区规划、土地利用总体规划和城乡规划以及环境质量标准等要求划定环境功能区划；③政府和有关部门在对编制的各类涉及开发利用环境行为的综合性规划或者专项规划进行环境影响评价后组织实施。

（2）由生态环境部门和其他负有环保监管职责的部门在中观决策环节对新建、改建、扩建的建设项目和其他产业投资项目进行审查。主要制度和措施如下。

第一，生态环境部门和负有环保监管职责的部门应当确定各类环境标准的适用范围和数值指标，并在此基础上要求新建、改建和扩建项目依照各类规划的要求选址和项目设计，并实行环境影响评价以确定污染物质或致害能量排放、散发的最大允许数值或者控制指标，禁止使用政府明令淘汰或者限期淘汰的严重污染环境的落后生产工艺和设备。

第二，在各类项目建设和建成使用的过程中，建设单位必须执行环境保护"三同时"制度及其竣工验收要求。

第三，排放污染物的企业事业单位，应当建立环境保护责任制度，明确单位负责人和相关人员的责任。

第四，重点排污单位应当按照国家有关规定和监测规范安装使用监测设备，保证监测设备正常运行，保存原始监测记录。

（3）由生态环境部门及其委托的环境监察机构或其他依法行使环境监督管理权的部门实施微观执法。主要制度和措施如下。

第一，实行排污许可管理的企业事业单位和其他生产经营者，应当在取得排污许可证以后才能按照要求向环境排放污染物质，自行对污染源进行监测并将数据向生态环境部门报告；在国家实行重点污染物排放总量控制制度的地方，企业事业单位在执行国家和地方污染物排放标准的同时，应当在分解落实到本单位的重点污染物排放总量控制指标内排污。

第二，企业事业单位和其他生产经营者应当接受生态环境部门及其委托的环境监察部门和其他依法行使环境监督管理部门的现场检查和监督监测；就其污染物的排放按照法律法规的规定与核定的数额缴纳相应的排污费或者按照排污总量缴纳费用。

第三，在发生或者可能突发环境污染事件时，排污单位、污染物质或致害能量的所有者与经营者还必须立即采取措施，及时通报可能受到污染危害的单位和居民并向环保等部门报告和接受调查处理。

因此，环境污染防治法律制度的确立过程，实际上也是决定如何将环境保护法基本制度运用于环境污染防治法的过程。不过，因各单项污染要素和有害因素等在具体迁移转变规律上、控制对策手段上以及致害特性上存在着一定的差别，故而在各单项环境污染防治法律的具体对策措施上还存在着不同之处。

第二节　大气污染防治方法与水污染防治方法

一、大气污染防治方法

大气污染的来源主要分为固定污染源和移动污染源两类：固定污染源是指工农业生产、生活活动中由设备装置、燃料燃烧设施和固定操作作业等向大气排放的污染物；移动污染源主要包括机动车船等交通运输工具在运行时向大气排放的污染物。

（一）大气污染的主要特点

大气污染就是对空气的污染，大气污染通常是指由于人类活动和自然过程引起某些物质进入大气中，呈现出足够的浓度，达到了足够的时间，并因此而危害了人体的舒适、健康、福利和生态环境。所谓人类活动不仅包括生产活动，还包括生活活动，如做饭、取暖、交通等；自然过程包括火山喷发、森林火灾、海啸、土壤和岩石的风化及大气圈中的空气运动等。由自然过程引起的大气污染，一般通过自然环境的自净化作用，如稀释、沉降、雨水冲洗、地面吸收、植物吸收等物理、化学及生物技能，经过一段时间后会自动消除，能维持生态系统的平衡。大气污染主要是由于人类在生产活动和生活活动中向大气排放的污染物，在大气中积累，超过了环境的自净能力而造成的。

大气污染区别于其他污染形式，其特点主要包括：①大气中的悬浮颗粒物过多，严重超出了大气本身的净化能力；②由于城市人口密集以及城市绿化面积的缺乏，导致无法对大气中的细菌进行有效分解，进而使空气中的细菌含量超标；③我国很多区域都为工业城市，火力发电厂、冶炼厂、居民取暖、做饭等都需要煤，煤燃烧向空中排放大量的二氧化碳、二氧化硫、一氧化碳和烟尘等，导致大气中煤炭污染严重，环境进一步恶化。

（二）大气污染的一般规定

大气污染，一般指大气因某种物质的介入，导致其化学、物理、生物或者放射性等方面特性发生改变，从而影响大气的有效利用，危害人体健康或财产安全，以及破坏自然生态系统、造成大气质量恶化的现象。

大气污染的来源主要分为固定污染源和移动污染源两类。前者是指工农业生产、生活活动中由设备装置、燃料燃烧设施和固定操作作业等向大气排放的污染物；后者主要包括机动车船等交通运输工具在运行时向大气排放的污染物。

中国是一个以燃煤为主要能源的国家，所以燃煤是形成中国大气煤烟型污染的主要原因。此外，伴随人民生活水平的提高，机动车的发展也很迅速，也已成为大中城市主要大气污染物的来源。

依照《中华人民和国大气污染防治法》规定，国务院环境保护主管部门会同国务院有关部门，按照国务院的规定，对省、自治区、直辖市大气环境质量改善目标、大气污染防治重点任务完成情况进行考核。省、自治区、直辖市人民政府制定考核办法，对本行政区域内地方大气环境质量改善目标、大气污染防治重点任务完成情况实施考核。考核结果应当向社会公开。县级以上人民政府环境保护主管部门对大气污染防治实施统一监督管理。县级以上人民政府其他有关部门在各自职责范围内对大气污染防治实施监督管理。

（三）大气污染的主要类型

1. 防治机动车船排放污染

机动车船、非道路移动机械不得超过标准排放大气污染物。禁止生产、进口或者销售大气污染物排放超过标准的机动车船、非道路移动机械。机动车、非道路移动机械生产企业应当对新生产的机动车和非道路移动机械进行排放检验。经检验合格的，方可出厂销售。检验信息应当向社会公开。省级以上人民政府环境保护主管部门可以通过现场检查、抽样检测等方式，加强对新生产、销售机动车和非道路移动机械大气污染物排放状况的监督检查。

在用机动车应当按照国家或者地方的有关规定，由机动车排放检验机构定期对其进行排放检验。经检验合格的，方可上道路行驶。未经检验合格的，公安机关交通管理部门不得核发安全技术检验合格标志。县级以上地方人民政府环境保护主管部门可以在机动车集中停放地、维修地对在用机动车的大气污染物排放状况进行监督抽测；在不影响正常通行的情况下，可以通过遥感监测等技术手段对在道路上行驶的机动车的大气污染物排放状况进行监督抽测，公安机关交通管理部门予以配合。

机动车生产、进口企业应当向社会公布其生产、进口机动车车型的排放检验信息、污染控制技术信息和有关维修技术信息。机动车维修单位应当按照防治大气污染的要求和国家有关技术规范对在用机动车进行维修，使其达到规定的排放标准。交通运输、环境保护主管部门应当依法加强监督管理。

船舶检验机构对船舶发动机及有关设备进行排放检验。经检验符合国家排放标准的，船舶方可运营。内河和江海直达船舶应当使用符合标准的普通柴油。远洋船舶靠港后应当使用符合大气污染物控制要求的船舶用燃油。新建码头应当规划、设计和建设岸基供电设施；已建成的码头应当逐步实施岸基供电设施改造。船舶靠港后应当优先使用岸电。国务院交通运输主管部门可以在沿海海域划定船舶大气污染物排放控制区，进入排放控制区的船舶应当符合船舶相关排放要求。

禁止生产、进口、销售不符合标准的机动车船、非道路移动机械用燃料；禁止向汽车和摩托车销售普通柴油以及其他非机动车用燃料；禁止向非道路移动机械、内河和江海直达船舶销售渣油和重油。发动机油、氮氧化物还原剂、燃料和润滑油添加剂以及其他添加剂的有害物质含量和其他大气环境保护指标，应当符合有关标准的要求，不得损害机动车船污染控制装置效果和耐久性，不得增加新的大气污染物排放。

积极推进民用航空器的大气污染防治，鼓励在设计、生产、使用过程中采取有效措施减少大气污染物排放。民用航空器应当符合国家规定的适航标准中有关发动机排出物要求。

2. 防治燃煤产生的大气污染

国家推行煤炭洗选加工，降低煤炭的硫分和灰分，限制高硫分、高灰分煤炭的开采。新建煤矿应当同步建设配套的煤炭洗选设施，使煤炭的硫分、灰分含量达到规定标准；已建成的煤矿除所采煤炭属于低硫分、低灰分或者根据已达标排放的燃煤电厂要求不需要洗选的以外，应当限期建成配套的煤炭洗选设施。禁止开采含放射性和砷等有毒有害物质超过规定标准的煤炭。调整能源结构，推广清洁能源的生产和使用；优化煤炭使用方式，推广煤炭清洁高效利用，逐步降低煤炭在一次能源消费中的比重，减少煤炭生产、使用、转化过程中的大气污染物排放。城市人民政府可以划定并公布高污染燃料禁燃区，并根据大气环境质量改善要求，逐步扩大高污染燃料禁燃区范围。高污染燃料的目录由国务院环境保护主管部门确定。在禁燃区内，禁止销售、燃用高污染燃料；禁止新建、扩建燃用高污染燃料的设施，已建成的，应当在城市人民政府规定的期限内改用天然气、页岩气、液化石油气、电或者其他清洁能源。

城市建设应当统筹规划，在燃煤供热地区，推进热电联产和集中供热。在集中供热管网覆盖地区，禁止新建、扩建分散燃煤供热锅炉；已建成的不能达标排放的燃煤供热锅炉，应当在城市人民政府规定的期限内拆除。县级以上人民政府质量监督部门应当会同环境保护主管部门对锅炉生产、进口、销售和使用环节执行环境保护标准或者要求的情况进行监督检查；不符合环境保护标准或者要求的，不得生产、进口、销售和使用。

国家大气污染防治重点区域内新建、改建、扩建用煤项目的，应当实行煤炭的等量或者减量替代。

(四) 大气污染的防治措施

大气污染是全球环境问题中的重要组成部分，对人类健康、生态系统和气候变化都造成了严重影响。为了应对大气污染问题，各国采取了一系列的防治措施，包括监管政策、技术创新、清洁能源发展等。大气污染的主要防治措施如下。

1. 法律政策措施

各国针对大气污染问题制定了一系列的法律法规和政策，以明确大气污染的排放标准、管控措施和处罚机制。这些法律法规和政策的制定和执行，是对大气环境保护的重要保障，有助于降低空气污染水平，改善人民的生活环境。其中重要的措施如下。

（1）大气污染物排放许可制度。各国建立了大气污染物排放许可制度，要求污染源取得排放许可证，并遵守相应的排放标准和管理要求。这一制度有效地控制了排放源的数量和质量，减少了大气污染物的排放量。

（2）大气污染物排放标准。各国实行了严格的大气污染物排放标准，限制了排放源的排放浓度和总量。通过制定排放标准，规范了工业、交通、能源等领域的排放行为，减少了大气污染物的排放，保护了空气质量。

（3）大气环境质量监测网络。建立了大气环境质量监测网络，对大气污染物的浓度和分布进行实时监测和评估。监测数据为政府制定环境政策、采取防治措施提供了科学依据，也为公众提供了及时的环境信息。

（4）处罚机制。建立了对违反大气污染法规的处罚机制，对污染源进行罚款、停产整治、责令改正等处罚措施，以确保法律法规的执行和环境保护的有效实施。这种处罚机制起到了警示和威慑作用，促使企业和个人自觉遵守环境法规，减少大气污染。

2. 城市规划和建设措施

优化城市规划和建设是减少大气污染的关键之一。通过提高城市建筑、道路、绿化等设施的环保水平，可以有效地减少大气污染源的集中排放。

（1）推广生态城市建设和绿色建筑设计是重要措施之一。生态城市以生态学原理为指导，通过合理布局和建设，最大限度地保护和改善环境，减少污染物排放。绿色建筑设计采用环保材料、节能设备等技术，降低建筑对能源和资源的消耗，减少建筑废弃物的产生。

（2）提高城市绿化率和环境容量也是减少大气污染的有效途径。增加城市绿地和植被覆盖，有助于吸收大气中的有害气体和颗粒物，净化空气，改善空气质量。同时，增加城市绿化率还可以改善城市生态环境，提升居民生活质量。

（3）优化城市规划和建设还包括减少交通拥堵和尾气排放、提高道路通畅性等措施。通过合理规划道路、优化交通系统，减少车辆行驶阻力，降低交通拥堵和尾气排放，从根本上改善城市空气质量。

3. 清洁生产和技术创新

推动工业生产过程的清洁化和技术创新是减少污染物排放的重要途径之一。通过采用先进的清洁生产技术和设备，可以有效地减少工业废气排放，改善环境质量。主要的措施和技术如下。

（1）脱硫、脱硝、除尘等设备。工业生产过程中常常产生含硫、含氮等有害气体，采用脱硫、脱硝和除尘设备可以有效地将这些有害气体去除，减少大气污染物的排放。例如，燃煤电厂可以安装烟气脱硫装置来减少二氧化硫的排放，使燃煤过程更加清洁。

（2）低碳生产技术。推广低碳生产技术是减少工业碳排放的重要途径。采用高效节能的工业生产设备和工艺，优化能源结构，减少化石燃料的使用，降低二氧化碳等温室气体的排放。例如，采用高效炉窑技术、废热利用技术等，可以大幅降低工业生产过程中的能耗和碳排放。

（3）清洁能源技术。推广清洁能源技术也是减少工业污染物排放的有效途径之一。利用太阳能、风能等可再生能源替代传统的化石能源，不仅可以减少碳排放，还能降低对环境的影响。例如，采用太阳能光伏发电、风力发电等清洁能源技术，可以减少工业生产过程中的温室气体排放。

4. 交通管理和汽车排放控制

（1）各国政府可以通过限制机动车的数量和使用来控制交通拥堵和尾气排放。这包括实施限购政策、提高车辆购置和使用成本、设立交通管制区等措施，以减少车辆数量和行驶里程，从而降低尾气排放。

（2）政府可以推广公共交通工具和非机动车出行方式，鼓励市民选择乘坐地铁、公交车、轻轨、自行车等环保出行方式，减少对机动车的依赖，降低交通尾气排放。

（3）政府也应严格控制机动车的排放标准，推行汽车尾气排放标准，强制汽车制造商生产符合标准的低排放和零排放车辆。通过对新车的排放标准进行限制，可以逐步更新车辆库存，降低车辆尾气排放水平。

（4）政府还可以促进汽车排放控制技术的研发和应用，推动汽车制造商提高汽车排放控制技术水平，减少尾气排放。例如，研发和推广尾气净化装置、电动汽车、混合动力汽车等低排放和零排放车辆，以降低车辆尾气排放对空气质量的影响。

5. 能源结构调整和清洁能源发展

加快能源结构调整是减少大气污染和减缓气候变化的重要举措之一。为此，必须减少对高污染的燃煤的依赖，并积极推动清洁能源的发展和利用。可再生能源是一种环保、可持续的能源，包括风能、太阳能、水能等。通过发展和利用这些可再生能源，可以有效地减少对化石能源的需求，从而降低二氧化碳等温室气体的排放。

（1）发展风能、太阳能等清洁能源是重要途径之一。利用风能和太阳能发电，可以减少对煤炭等传统化石能源的依赖，避免大量的燃烧排放，降低大气污染物的排放。此外，清洁能源的利用还能促进当地经济发展，创造就业机会，提高能源供应的稳定性和可持续性。

（2）发展水能等可再生能源也是重要措施之一。水能是一种清洁、可再生的能源，通过水力发电可以实现清洁能源的利用。尤其是在水资源丰富的地区，可以充分利用水力资源，减少对燃煤等传统能源的依赖，降低大气污染物的排放，改善环境质量。

（3）加快能源结构调整，推动清洁能源的发展和利用，不仅可以减少大气污染物的排放，改善空气质量，还可以降低温室气体的排放，减缓气候变化的影响。因此，各国政府和企业应积极采取措施，加大对可再生能源的投资和支持，促进清洁能源的发展和利用，推动能源结构向清洁、低碳方向转变。

二、水污染防治方法

水污染，是指水体因某种物质的介入，而导致其化学、物理、生物或者放射性等方面特性的改变，从而影响水的有效利用，危害人体健康或者破坏生态环境，造成水质恶化的现象。"我国社会经济的快速发展促进人们生活水平的提升，然而伴随着各种工业化设施的逐渐完善，水污染问题在逐渐加重，人们也开始注重水污染防治和环保的重要性。"[①] 水污染防治法规定了一系列的水污染防治措施以及对水污染事故的处置措施。

（一）水污染的污染源

污染源的两种主要来源形式为点源和面源。点源主要包括工业污染源和生活污染源，工业污染源是指工厂、工业生产设施等固定场所排放的废水、废气和固体废物，其中包括工业废水、工业废气等。这些污染源往往集中在特定的工业区域或生产单位，排放量较大、污染物浓度较高。生活污染源则主要来自城市和农村居民生活中产生的污水、垃圾等，如城市生活污水、家庭垃圾等。这些污染源广泛分布于城乡各地，数量庞大，但单个单位排放量相对较小。

---

① 杨志恒，朱好，秦花蕊.探讨水污染防治攻坚战的重要措施 [J].环境与发展，2020，32（12）：42.

面源，主要包括农村污水和灌溉水。农村污水来自农村居民生活、农业生产等活动产生的污水，包括农村生活污水和农业废水等。灌溉水污染是指因农业活动中使用的水源受到污染，进而导致农作物生长环境受到污染。这种污染源往往分布广泛，覆盖农村地区的大部分农田。

此外，水体污染还可能由地质溶解和降水对大气的淋洗所导致。地质溶解是指地下水中溶解了地质层中的污染物，例如重金属等，从而导致地下水受到污染。降水对大气的淋洗则是指大气中的污染物随降水一起沉降到地面水体中，导致水体污染。

（二）水污染的一般规定

国务院环境保护主管部门应当会同国务院卫生主管部门，根据对公众健康和生态环境的危害和影响程度，公布有毒有害水污染物名录，实行风险管理。排放上述规定名录中所列有毒有害水污染物的企业事业单位和其他生产经营者，应当对排污口和周边环境进行监测，评估环境风险，排查环境安全隐患，并公开有毒有害水污染物信息，采取有效措施防范环境风险。

禁止向水体排放油类、酸液、碱液或者剧毒废液。禁止在水体清洗装贮过油类或者有毒污染物的车辆和容器。禁止向水体排放、倾倒放射性固体废物或者含有高放射性和中放射性物质的废水。向水体排放含低放射性物质的废水，应当符合国家有关放射性污染防治的规定和标准。向水体排放含热废水，应当采取措施，保证水体的水温符合水环境质量标准。含病原体的污水应当经过消毒处理；符合国家有关标准后，方可排放。禁止向水体排放、倾倒工业废渣、城镇垃圾和其他废弃物。禁止将含有汞、镉、砷、铬、铅、氰化物、黄磷等的可溶性剧毒废渣向水体排放、倾倒或者直接埋入地下。禁止在江河、湖泊、运河、渠道、水库最高水位线的滩地和岸坡堆放、存贮固体废弃物和其他污染物。存放可溶性剧毒废渣的场所，应当采取防水、防渗漏、防流失的措施。禁止利用渗井、渗坑、裂隙、溶洞，私设暗管，篡改、伪造监测数据，或者不正常运行水污染防治设施等逃避监管的方式排放水污染物。

(三) 水污染的防治类型

1. 工业水污染防治

国务院有关部门和县级以上地方人民政府应当合理规划工业布局，要求造成水污染的企业进行技术改造，采取综合防治措施，提高水的重复利用率，减少废水和污染物排放量。排放工业废水的企业应当采取有效措施，收集和处理产生的全部废水，防止污染环境。含有毒有害水污染物的工业废水应当分类收集和处理，不得稀释排放。工业集聚区应当配套建设相应的污水集中处理设施，安装自动监测设备，与环境保护主管部门的监控设备联网，并保证监测设备正常运行。向污水集中处理设施排放工业废水的，应当按照国家有关规定进行预处理，达到集中处理设施处理工艺要求后方可排放。

对严重污染水环境的落后工艺和设备实行淘汰制度。国务院经济综合宏观调控部门会同国务院有关部门，公布限期禁止采用的严重污染水环境的工艺名录和限期禁止生产、销售、进口、使用的严重污染水环境的设备名录。生产者、销售者、进口者或者使用者应当在规定的期限内停止生产、销售、进口或者使用列入上述规定的设备名录中的设备。工艺的采用者应当在规定的期限内停止采用列入上述工艺名录中的工艺。依照规定被淘汰的设备，不得转让给他人使用。

2. 船舶水污染防治

船舶排放含油污水、生活污水，应当符合船舶污染物排放标准。从事海洋航运的船舶进入内河和港口的，应当遵守内河和港口的船舶污染物排放标准。船舶的残油、废油应当回收，禁止排入水体。禁止向水体倾倒船舶垃圾。船舶装载运输油类或者有毒货物，应当采取防止溢流和渗漏的措施，防止货物落水造成水污染。进入中华人民共和国内河的国际航线船舶排放压载水的，应当采用压载水处理装置或者采取其他有效措施，对压载水进行灭活等处理。禁止排放不符合规定的船舶压载水。船舶应当按照国家有关规定配置相应的防污设备和器材，并持有合法有效的防止水域环境污染的证书与文书。船舶进行涉及污染物排放的作业，应当严格遵守操作规程，并在相应的记录簿上如实记载。

港口、码头、装卸站和船舶修造厂所在的地市、县级人民政府应当统筹规划建设船舶污染物、废弃物的接收、转运及处理处置设施。港口、码头、装卸站和船舶修造厂应当备有足够的船舶污染物、废弃物的接收设施。从事船舶污染物、废弃物接收作业，或者从事装载油类、污染危害性货物船舱清洗作业的单位，应当具备与其运营规模相适应的接收处理能力。船舶及有关作业单位从事有污染风险的作业活动，应当按照有关法律、法规和标准，采取有效措施，防止造成水污染。海事管理机构、渔业主管部门应当加强对船舶及有关作业活动的监督管理。船舶进行散装液体污染危害性货物的过驳作业，应当编制作业方案，采取有效的安全和污染防治措施，并报作业地海事管理机构批准。禁止采取冲滩方式进行船舶拆解作业。

3. 城镇水污染防治

城镇污水应当集中处理。县级以上地方人民政府应当通过财政预算和其他渠道筹集资金，统筹安排建设城镇污水集中处理设施及配套管网，提高本行政区域城镇污水的收集率和处理率。国务院建设主管部门应当会同国务院经济综合宏观调控、环境保护主管部门，根据城乡规划和水污染防治规划，组织编制全国城镇污水处理设施建设规划。县级以上地方人民政府组织建设、经济综合宏观调控、环境保护、水行政等部门编制本行政区域的城镇污水处理设施建设规划。县级以上地方人民政府建设主管部门应当按照城镇污水处理设施建设规划，组织建设城镇污水集中处理设施及配套管网，并加强对城镇污水集中处理设施运营的监督管理。城镇污水集中处理设施的运营单位按照国家规定向排污者提供污水处理的有偿服务，收取污水处理费用，保证污水集中处理设施的正常运行。收取的污水处理费用应当用于城镇污水集中处理设施的建设运行和污泥处理处置，不得挪作他用。城镇污水集中处理设施的污水处理收费、管理以及使用的具体办法，由国务院规定。

向城镇污水集中处理设施排放水污染物，应当符合国家或者地方规定的水污染物排放标准。城镇污水集中处理设施的运营单位，应当对城镇污水集中处理设施的出水水质负责。环境保护主管部门应当对城镇污水集中处理设施的出水水质和水量进行监督检查。城镇污水集中处理设施的运营单位或者污泥处理处置单位应当安全处理处置污泥，保证处理处置后的污泥符合国家标准，并对污泥的去向等进行详细记录。

4. 农业和农村水污染防治

中国支持农村污水、垃圾处理设施的建设，推进农村污水、垃圾集中处理。水污染防治法规定，制定化肥、农药等产品的质量标准和使用标准，应当适应水环境保护要求。使用农药，应当符合国家有关农药安全使用的规定和标准。运输、存贮农药和处置过期失效农药，应当加强管理，防止造成水污染。

中国支持畜禽养殖场、养殖小区建设畜禽粪便、废水的综合利用或者无害化处理设施。畜禽养殖场、养殖小区应当保证其畜禽粪便、废水的综合利用或者无害化处理设施正常运转，保证污水达标排放，防止污染水环境。畜禽散养密集区所在地县、乡级人民政府应当组织对畜禽粪便污水进行分户收集、集中处理利用。从事水产养殖应当保护水域生态环境，科学确定养殖密度，合理投饵和使用药物，防止污染水环境。农田灌溉用水应当符合相应的水质标准，防止污染土壤、地下水和农产品。

（四）水污染的防治措施

第一，加强公民的环保意识。保护环境需要每一个人的努力，增强居民的环保意识是一件积极而有意义的事情，为此，可以加大环保的宣传力度。只有人们增强了环保意识，才能对自己的行为更加负责，破坏环境的水污染行为也会减少一部分。

第二，强化对饮用水源取水口的保护。饮用水源直接关乎人们的身体健康和生活质量，有关部门要划定水源区，在区内设置告示牌并加强取水口的绿化工作。另外，还要组织一部分人员定期进行检查，保证取水口水质。

第三，加大污废水的治理力度。污水处理厂的数量与污水的排放量要保证一定的比例才能更好地实现污水处理。而目前城市人口不断增加，居民生活水平稳步提高，城市的废水排放量也随之不断地增加，在这种情况下，要建设更多的污水处理厂来帮助改善城市水环境状况。否则随着污水量的增加，会因处理不及时而引发更多不良后果。

第四，少量创建填埋场。填埋场占地面积大，无形中造成土地资源的浪费，所以创建的数量不宜过多。可少量创建填埋场，让废水废气都能够经过处理，再排放至河流。这种做法也能起到一定的作用。

第五，实现废水资源化利用。可以预见在未来的时间里，工业的废水排放量还会继续增加，为了改善目前水污染状况，要从各个环节做起，用的时候更加合理，末端治理更加积极，同时还可以对废水进行再利用。

第六，强化企业内部清洁生产管理。在实施过程中，对化工生产过程、原料储存、设备维修和废物处置等各个环节都可以强化企业内部清洁生产管理。对原料、中间体和产品及废物的储存和转运设施进行检查的过程需要注意：对使用各种运输工具的操作工人进行培训，使他们了解器械的操作方式、生产能力和性能；在每排储料桶之间留有适当、清晰的空间，以便直观检查其腐蚀和泄漏情况；除转移物料时，应保持容器处于密闭状态；保证储料区的适当照明。

第三节　海洋污染防治方法与固体废物防治方法

一、海洋污染防治方法

海洋污染，一般是指直接或间接地把物质或能量引入海洋环境，产生损害海洋生物资源、危害人体健康、妨碍渔业和海上其他合法活动、损坏海水使用素质和减损环境质量等有害影响。海洋环境保护法规定了海洋污染防治的一般措施，规定了陆源污染物、海洋工程建设项目、海岸工程建设项目、倾倒废弃物、船舶及相关作业活动对海洋环境的损坏的防治措施。

(一) 海洋污染物的来源

海洋作为地球上最广阔的水域，具有一定的自净能力，能够通过海水的扩散、稀释、化学分解以及生物降解等方式来减少污染物的毒性。然而，海洋的自净能力并非无限的，尤其是近海海域，其自净能力较低。当人类活动排放的污染物超过海水的净化能力时，就会导致海洋污染的发生。

人为原因导致的海洋污染主要源自以下几方面。

第一，陆地型污染源是指从陆地向海域排放污染物的场所和设施，包括工厂直接排放废水、污染物通过河流入海、沿海城市和工业园区的废水排放口等。这些源头通常是工业污水、城市生活污水、农田农药、化肥等农业污染物，以及工业废水中的重金属、有机物等化学物质。

第二，海上型污染源主要是指船舶排放的污染物和海上设施的污染，如船舶排放的废油、废水以及在海上进行的石油钻探活动可能导致的石油泄漏等。

第三，大气型污染源指大气中的污染物通过降水或沉降进入海洋，例如大气中的氮氧化物、硫化物、重金属等，以及大气中的微塑料颗粒等。这些污染物随着降水进入海洋，或者通过大气沉降直接落入海洋，对海洋生态系统造成影响。

（二）防治陆源污染物对海洋环境的污染损害

陆源污染物是指由陆地污染源排放的污染物。防治陆源污染物对海洋环境的污染损害，主要是防止沿海地区的工农业生产和居民生活所产生的废弃物直接向海域排放、防止在海岸滩涂设置废弃物堆放场或处理场以及防止沿海农田施用化肥农药等污染海洋、防止陆源污染物通过江河进入海洋环境。

为此，海洋环境保护法从入海排污口设置和禁限措施两方面对防治陆源污染物对海洋环境的污染损害作出了规定。其中，禁止性义务规范主要包括：禁止向海域排放油类、酸液、碱液、剧毒废液和高、中水平放射性废水。禁止经中华人民共和国内水、领海转移危险废物。限制性义务规范主要是对直接或间接向海域排放各类污染物所作的限制性规定。

（三）防治倾倒废弃物对海洋环境的污染损害

倾倒是指通过船舶、航空器、平台或者其他运载工具，向海洋处置废弃物和其他有害物质的行为，包括弃置船舶、航空器、平台及其辅助设施和其他浮动工具的行为。但不包括船舶、航空器及其他载运工具和设施正常操作产生的废弃物的排放。

按照废弃物的毒性、有害物质含量和对海洋环境的影响等因素，中国将向海洋倾倒的废弃物分为以下三类：①禁止倾倒的废弃物，即毒性大或长期不能分解及严重妨害海上航行、渔业等活动的物质；②需要获得特别许可证才能倾倒的废弃物，即对海洋生物没有剧毒性，但能通过生物富集污染水产品或危害航行、渔业等活动的物质；③不属于前两类物质的其他低毒性或无毒的废弃物，即要事先获得普通许可证即可倾倒的物质。

海洋环境保护法对向中华人民共和国管辖海域倾倒废弃物及其管制措施作出了规定。同时，禁止中华人民共和国境外的废弃物在中华人民共和国管辖海域倾倒，违反规定将中华人民共和国境外废弃物运进中华人民共和国管辖海域倾倒的，由国家海洋行政主管部门予以警告；禁止在海上焚烧废弃物；禁止在海上处置放射性废弃物或者其他放射性物质，其中废弃物中放射性物质的豁免浓度由国务院制定。

国家海洋行政主管部门根据废弃物的毒性、有毒物质含量和对海洋环境影响程度，制定海洋倾倒废弃物评价程序和标准。向海洋倾倒废弃物，应当按照废弃物的类别和数量实行分级管理。可以向海洋倾倒的废弃物名录，由国家海洋行政主管部门拟定，经国务院环境保护行政主管部门提出审核意见后，报国务院批准。

国家海洋行政主管部门按照科学、合理、经济、安全的原则选划海洋倾倒区，经国务院环境保护行政主管部门提出审核意见后，报国务院批准。临时性海洋倾倒区由国家海洋行政主管部门批准，并报国务院环境保护行政主管部门备案。国家海洋行政主管部门在选划海洋倾倒区和批准临时性海洋倾倒区之前，必须征求国家海事、渔业行政主管部门的意见。国家海洋行政主管部门监督管理倾倒区的使用，组织倾倒区的环境监测。对经确认不宜继续使用的倾倒区，国家海洋行政主管部门应当予以封闭，终止在该倾倒区的一切倾倒活动，并报国务院备案。

获准倾倒废弃物的单位，必须按照许可证注明的期限及条件，到指定的区域进行倾倒。废弃物装载之后，批准部门应当予以核实。获准倾倒废弃物的单位，应当详细记录倾倒的情况，并在倾倒后向批准部门作出书面报告。倾倒废弃物的船舶必须向驶出港的海事行政主管部门作出书面报告。

(四) 防治海岸工程建设项目对海洋环境的污染损害

海岸工程是指位于海岸或与海岸相邻，需要利用海洋完成其部分或者全部功能的建设工程。为防止海岸工程对海洋环境造成污染损害，海洋环境保护法主要从以下方面规定了保护措施。

第一，对海岸工程建设项目实行环境影响评价和"三同时"制度。即新建、改建、扩建海岸工程建设项目，必须遵守国家有关建设项目环境保护管理的规定，并把防治污染所需资金纳入建设项目投资计划。海岸工程建设项目单位，必须对海洋环境进行科学调查，根据自然条件和社会条件，合理选址，编制环境影响报告书（表）。在建设项目开工前，将环境影响报告书（表）报环境保护行政主管部门审查批准。环境保护行政主管部门在批准环境影响报告书（表）之前，必须征求海洋、海事、渔业行政主管部门和军队生态环境部门的意见。海岸工程建设项目的环境保护设施，必须与主体工程同时设计、同时施工、同时投产使用。环境保护设施应当符合经批准的环境影响评价报告书（表）的要求。

第二，兴建海岸工程建设项目时，必须采取有效措施来保护国家和地方重点保护的野生动植物及其生存环境，以及海洋水产资源。这是为了确保海岸工程建设不会对生态环境造成不可逆转的破坏，同时保护生态系统的完整性和稳定性。

在依法划定的海洋自然保护区、海滨风景名胜区、重要渔业水域以及其他需要特别保护的区域，严格禁止从事污染环境、破坏景观的海岸工程项目建设或其他活动。这些区域的生态环境脆弱，生物多样性丰富，是生态系统的重要组成部分，因此需要加强保护和管理。

第三，禁止在沿海陆域内新建不具备有效治理措施的工业生产项目是为了防止工业活动对海洋环境造成的污染和破坏。其中包括化学制浆造纸、化工、印染、制革、电镀、酿造、炼油、岸边冲滩拆船等容易产生严重污染的行业。这些行业在生产过程中可能排放大量有害废水、废气和固体废物，严重威胁海洋生态环境的健康。

同时，严格限制在海岸采挖海砂，以及露天开采海滨砂矿和从岸上打井开采海底矿产资源，也是为了防止这些活动对海洋环境造成的破坏。这些采矿活动可能导致海底生态系统被破坏、沙滩退化、海岸线的改变等问题，影响海洋生态平衡和海岸地貌的稳定性。

（五）海洋污染的防治措施

1. 对保护海水水质实行标准管制

为了便于国务院进一步理顺各有关部门海洋环境保护工作的关系，海洋环境保护法授权国务院行使海洋环境质量标准的制定权。目前，中国实施的国家海洋环境质量标准仍是由原国家环境保护局和国家海洋局于 1997 年共同制定的《海水水质标准》。该标准按照海域的不同使用功能和保护目标，将海水水质分为四类：①适用于海洋渔业水域，海上自然保护区和珍稀濒危海洋生物保护区；②适用于水产养殖区，海水浴场，人体直接接触海水的海上运动或娱乐区，以及与人类食用直接有关的工业用水区；③适用于一般工业用水区，滨海风景旅游区；④适用于海洋港口水域，海洋开发作业区。

国家根据海洋环境质量状况和国家经济、技术条件，制定国家海洋环境质量标准。沿海省、自治区、直辖市人民政府对国家海洋环境质量标准中未作规定的项目，可以制定地方海洋环境质量标准。沿海地方各级人民政府根据国家和地方海洋环境质量标准的规定和本行政区近岸海域环境质量状况，确定海洋环境保护的目标和任务，并纳入人民政府工作计划，按相应的海洋环境质量标准实施管理。在污染物排放标准方面，国家和地方水污染物排放标准的制定，应当将国家和地方海洋环境质量标准作为重要依据之一。

此外，海洋环境保护法还规定了排污费、倾倒费等制度。具体来说，直接向海洋排放污染物的单位和个人，必须按照国家规定缴纳排污费。依照法律规定缴纳环境保护税的，不再缴纳排污费。向海洋倾倒废弃物，必须按照国家规定缴纳倾倒费。根据规定征收的排污费、倾倒费，必须用于海洋环境污染的整治，不得挪作他用。具体办法由国务院规定。

2. 对重点海域排污实施总量控制

海洋环境保护法为了有效控制国家划定的重点海域的污染问题，特别是重点关注主要污染物的排放情况，确立了重点海域排污总量控制制度。该制度的核心是通过限制特定污染物在海域的总排放量，以达到保护海洋环境的目的。

（1）海洋环境保护法授权国务院批准确定主要污染物的排海总量控制指标。这些指标通常由环境保护部门根据海洋环境质量状况、污染源分布情况、经济社会发展需求等因素综合考虑后确定，具有科学性和可操作性。

（2）基于确定的排海总量控制指标，对主要污染源采取分配排放控制数量的方法来具体实施。这意味着针对特定的污染源，政府会制定具体的排放标准和控制要求，并分配相应的排放配额。各污染源需要在规定的排放配额内进行管理，确保不超出海域的污染承载能力。

二、固体废物防治方法

固体废物通常也称废弃物，是指被丢弃的固体和泥状物质，包括从废水、废气中分离出来的固体颗粒。我国对固体废物污染环境实行全过程管理、分类管理，实现对固体废物的减量化、资源化和无害化处理。"相关部门要创新和优化固体废物污染防治方法，并结合实际情况提出合适的管理策略，将人类活动限制在生态环境所能承受的范围内，为人们创造良好的生产生活环境，实现社会的高质量可持续发展。"①

（一）固体废物污染防治的分类管理

固体废物污染环境防治法所要控制和防治产生污染的固体废物，主要包括工业固体废物、生活垃圾以及危险废物三大类。

1. 工业固体废物

工业固体废物，是指在工业生产活动中产生的固体废物。工业固体废物的环境管理除执行环境污染防治的基本法律制度外，还适用以下特别措施。

（1）淘汰落后工艺设备。由于工业固体废物大多可在生产工艺和设备技术改进的条件下循环利用和再生利用，为此，固体废物污染环境防治法规定，国务院经济综合宏观调控部门应当会同国务院有关部门组织研究、开发和推广减少工业固体废物产生量和危害性的生产工艺和设备，公布限期淘汰产生严重污染环境的工业固体废物的落后生产工艺、落后设备的名录。生产者、销售者、进口者、使用者必须在国务院经济综合宏观调控部门会同国务院有关部门规定的期限内分别停止生产、销售、进口或者使用列入上述规定的名录中的设备。生产工艺的采用者必须在国务院经济综合宏观调控部门会同国务院有关部门规定的期限内停止采用列入上述规定的名录中的工艺。列入限期淘汰名录被淘汰的设备，不得转让给他人使用。违反上述规定的，由县级以上人民政府经济综合宏观调控部门责令改正；情节严重的，由县级以上人民政府经济综合宏观调控部门提出意见，报请同级人民政府按照国务院规定的权限决定停业或者关闭。

---

① 翟文超. 固体废物污染防治与管理策略探究 [J]. 皮革制作与环保科技，2023，4(2)：19.

（2）工业固体废物产生者的义务。企业事业单位应当合理选择和利用原材料、能源和其他资源，采用先进的生产工艺和设备，减少工业固体废物产生量，降低工业固体废物的危害性。

中国实行工业固体废物申报登记制度，产生工业固体废物的单位必须按照国务院环境保护行政主管部门的规定，向所在地县级以上地方人民政府环境保护行政主管部门提供工业固体废物的种类、产生量、流向、贮存、处置等有关资料。前述规定的申报事项有重大改变的，应当及时申报。企业事业单位应当根据经济、技术条件对其产生的工业固体废物加以利用；对暂时不利用或者不能利用的，必须按照国务院环境保护行政主管部门的规定建设贮存设施、场所，安全分类存放，或者采取无害化处置措施。建设工业固体废物贮存、处置的设施与场所，必须符合国家环境保护标准。禁止擅自关闭、闲置或者拆除工业固体废物污染环境防治设施、场所；确有必要关闭、闲置或者拆除的，必须经所在地县级以上地方人民政府环境保护行政主管部门核准，并采取措施，防止污染环境。

违反前述规定的，由县级以上人民政府生态环境部门责令停止违法行为，限期改正，处以罚款。

此外，矿山企业应当采取科学的开采方法和选矿工艺，减少尾矿、矸石、废石等矿业固体废物的产生量和贮存量。尾矿、矸石、废石等矿业固体废物贮存设施停止使用后，矿山企业应当按照国家有关环境保护规定进行封场，防止造成环境污染和生态破坏。

尾矿、矸石、废石等矿业固体废物贮存设施停止使用后，未按照国家有关环境保护规定进行封场的，由县级以上地方人民政府环境保护行政主管部门责令限期改正，可处5万元以上20万元以下的罚款。

（3）企业事业单位变更、终止后，污染防治责任的承担。产生工业固体废物的单位需要终止的，应当事先对工业固体废物的贮存、处置的设施与场所采取污染防治措施，并对未处置的工业固体废物作出妥善处置，防止污染环境。产生工业固体废物的单位发生变更的，变更后的单位应当按照国家有关环境保护的规定对未处置的工业固体废物及其贮存、处置的设施与场所进行安全处置或者采取措施保证该设施、场所安全运行。变更前当事人对工业固体废物及其贮存、处置的设施与场所的污染防治责任另有约定的，从其约定；但是，不得免除当事人的污染防治义务。对固体废物污染环境防治法施行前已经终止的单位未处置的工业固体废物及其贮存、处置的设施与场所进行安全处置的费用，由有关人民政府承担；但是，该单位享有的土地使用权依法转让的，应当由土地使用权受让人承担处置费用。当事人另有约定的，从其约定；但是，不得免除当事人的污染防治义务。

2. 生活垃圾

生活垃圾，是指在日常生活中或者为日常生活提供服务的活动中产生的废物以及法律、行政法规规定视为生活垃圾的固体废物。

对生活垃圾的处理主要涉及收集、运输、处置等环节。为此，固体废物污染环境防治法规定，县级以上人民政府应当统筹安排建设城乡生活垃圾收集、运输、处置设施，提高生活垃圾的利用率和无害化处置率，促进生活垃圾收集、处置的产业化发展，逐步建立和完善生活垃圾污染环境防治的社会服务体系。

县级以上地方人民政府环境卫生行政主管部门应当组织对城市生活垃圾进行清扫、收集、运输和处置，可以通过招标等方式选择具备条件的单位从事生活垃圾的清扫、收集、运输和处置。

对城市生活垃圾应当按照环境卫生行政主管部门的规定，在指定的地点放置，不得随意倾倒、抛撒或者堆放。清扫、收集、运输、处置城市生活垃圾，应当遵守国家有关环境保护和环境卫生管理的规定，防止污染环境。对城市生活垃圾应当及时清运，逐步做到分类收集和运输，并积极开展合理利用和实施无害化处置。建设生活垃圾处置的设施、场所，必须符合国务院环境保护行政主管部门和国务院建设行政主管部门规定的环境保护和环境卫生标准。禁止擅自关闭、闲置或者拆除生活垃圾处置的设施、场所；确有必要关闭、闲置或者拆除的，必须经所在地的市、县级人民政府环境卫生行政主管部门商所在地环境保护行政主管部门同意后核准，并采取措施，防止污染环境。

为减少生活垃圾的产生量，地方政府应当采取包括有计划地改进燃料结构，发展城市煤气、天然气、液化气和其他清洁能源、组织净菜进城、减少城市生活垃圾、合理安排收购网点，促进生活垃圾的回收利用工作。此外，从生活垃圾中回收的物质必须按照国家规定的用途或者标准使用，不得用于生产可能危害人体健康的产品。

此外，固体废物污染环境防治法还规定，工程施工单位应当及时清运工程施工过程中产生的固体废物，并按照环境卫生行政主管部门的规定进行利用或者处置。从事公共交通运输的经营单位，应当按照国家有关规定，清扫、收集运输过程中产生的生活垃圾。从事城市新区开发、旧区改建和住宅小区开发建设的单位，以及机场、码头、车站、公园、商店等公共设施、场所的经营管理单位，应当按照国家有关环境卫生的规定，配套建设生活垃圾收集设施。违反规定的，由县级以上地方人民政府环境卫生行政主管部门责令停止违法行为，限期改正，处以罚款。

3. 危险废物

危险废物，是指列入《国家危险废物名录》或者根据国家规定的《危险废物鉴别标准》和鉴别方法认定的具有危险特性的固体废物。所谓危险特性，主要是指毒性、易燃性、腐蚀性、反应性、感染性、放射性等。

对于危险废物必须执行下列更为严格的管理措施：

(1)《国家危险废物名录》与标识。《国家危险废物名录》由国务院生态环境部门会同有关部门制定，规定统一的《危险废物鉴别标准》、鉴别方法和识别标志。危险废物的容器和包装物以及收集、贮存、运输、处置危险废物的设施、场所，必须设置危险废物识别标志。

(2) 危险废物集中处置。国务院生态环境部门会同国务院经济综合宏观调控部门组织编制危险废物集中处置设施场所的建设规划，报国务院批准后实施。县级以上地方人民政府应当依据危险废物集中处置设施、场所的建设规划，组织建设危险废物集中处置设施、场所。

为了解决重点危险废物集中处置设施、场所的退役费用，法律规定应当在建设重点危险废物集中处置设施、场所时将费用预提，并列入投资概算或者经营成本。具体提取和管理办法，由国务院财政部门、价格主管部门会同国务院环境保护行政主管部门规定。

(3) 危险废物产生者的义务。

第一，申报义务。即产生危险废物的单位必须按照国家有关规定制定危险废物管理计划，并向所在地生态环境部门申报危险废物的种类、产生量、流向、贮存、处置等有关资料。

第二，处置义务。产生危险废物的单位必须按照国家有关规定处置危险废物，不得擅自倾倒、堆放。对不履行处置义务的，由所在地县级以上生态环境部门责令限期改正。

逾期不处置或者处置不符合国家有关规定的，由所在地县级以上生态环境部门指定单位代为处置，处置费用由产生危险废物的单位承担。违反上述规定的，由县级以上地方人民政府生态环境部门责令限期改正，处代为处置费用1倍以上3倍以下的罚款。

第三，缴纳危险废物排污费义务。以填埋方式处置危险废物不符合国务院生态环境部门规定的，应当缴纳危险废物排污费。危险废物排污费用于污染环境的防治，不得挪作他用。对不按照国家规定缴纳危险废物排污费的，限期缴纳，逾期不缴纳的，处应缴纳危险废物排污费金额1倍以上3倍以下的罚款。

（4）危险废物经营者的义务。从事收集、贮存、处置危险废物经营活动的单位，必须向县级以上人民政府环境保护行政主管部门申请领取经营许可证；从事利用危险废物经营活动的单位，必须向国务院环境保护行政主管部门或者省、自治区、直辖市人民政府环境保护行政主管部门申请领取经营许可证，具体管理办法由国务院规定。

禁止无经营许可证或者不按照经营许可证规定从事危险废物收集、贮存、利用、处置的经营活动。禁止将危险废物提供或者委托给无经营许可证的单位从事收集、贮存、利用、处置的经营活动。无经营许可证或者不按照经营许可证规定从事收集、贮存、利用、处置危险废物经营活动的，由县级以上人民政府环境保护行政主管部门责令停止违法行为，没收违法所得，可以并处违法所得3倍以下的罚款。不按照经营许可证规定从事前述活动的，还可以由发证机关吊销经营许可证。

收集、贮存危险废物，必须按照危险废物特性分类进行。禁止混合收集、贮存、运输、处置性质不相容而未经安全性处置的危险废物。贮存危险废物必须采取符合国家环境保护标准的防护措施，并不得超过1年；确需延长期限的，必须报经原批准经营许可证的环境保护行政主管部门批准；法律、行政法规另有规定的除外。禁止将危险废物混入非危险废物中贮存。

（5）危险废物转移者的义务。转移危险废物的，必须按照国家有关规定填写危险废物转移联单。跨省、自治区、直辖市转移危险废物的，应当向危险废物移出地省、自治区、直辖市人民政府环境保护行政主管部门申请。移出地省、自治区、直辖市人民政府环境保护行政主管部门应当及时商经接受地省、自治区、直辖市人民政府环境保护行政主管部门同意后，方可批准转移该危险废物。未经批准的，不得转移。

转移危险废物途经移出地、接受地以外行政区域的，危险废物移出地设区的市级以上地方人民政府环境保护行政主管部门应当及时通知沿途经过地设区的市级以上地方人民政府环境保护行政主管部门。运输危险废物，必须采取防止污染环境的措施，并遵守国家有关危险货物运输管理的规定。禁止将危险废物与旅客在同一运输工具上载运。违反上述规定的，由县级以上人民政府生态环境部门责令停止违法行为，限期改正，处以罚款。

收集、贮存、运输、处置危险废物的场所、设施、设备和容器、包装物及其他物品转作他用时，必须经过消除污染的处理，方可使用。

产生、收集、贮存、运输、利用、处置危险废物的单位，应当制定意外事故的防范措施和应急预案，并向所在地县级以上地方人民政府环境保护行政主管部门备案；环境保护行政主管部门应当进行检查。

因发生事故或者其他突发性事件，造成危险废物严重污染环境的单位，必须立即采取措施消除或者减轻对环境的污染危害，及时通报可能受到污染危害的单位和居民，并向所在地县级以上地方人民政府环境保护行政主管部门和有关部门报告，接受调查处理。在发生或者有证据证明可能发生危险废物严重污染环境、威胁居民生命财产安全时，县级以上地方人民政府环境保护行政主管部门或者其他固体废物污染环境防治工作的监督管理部门必须立即向本级人民政府和上一级人民政府有关行政主管部门报告，由人民政府采取防止或者减轻危害的有效措施。有关人民政府可以根据需要责令停止导致或者可能导致环境污染事故的作业。

（二）固体废物污染的一般规定

固体废物是指在生产、生活和其他活动中产生的废弃物质，包括废纸、废塑料、废金属、废玻璃、废木材等。固体废物污染是指固体废物在处理、处置或排放过程中对环境造成的污染和危害。针对固体废物污染，各国都制定了一系列的法律法规和政策进行管理和控制。

第一，固体废物污染的管理主要包括对固体废物的收集、运输、处理和处置等环节进行规范。这些规定涉及到固体废物的收集设施建设、运输工具的配备、处理设施的建设和运行等方面。各个环节都需要符合国家和地方相关法律法规的要求，保证固体废物的安全处理和环保效果。

第二，固体废物污染的控制包括对废物处置场的管理和监督。废物处置场是固体废物最终处理的地方，其管理和运营直接关系到固体废物的排放和环境质量。因此，针对废物处置场，通常会有严格的管理制度和监督机制，确保其运营符合环保标准，且不对周边环境造成负面影响。

第三，固体废物污染的一般规定还包括对固体废物处理和处置所产生的环境影响进行评估和监测。在进行固体废物处理和处置前，需要进行环境影响评价，评估其可能产生的污染和危害，并采取相应的预防和控制措施。同时，还需要建立固体废物处理和处置的监测系统，定期监测其对环境的影响，及时发现和解决问题，保障环境和公众的安全。

（三）固体废物污染的防治措施

1. 分类处理

固体废物的分类处理是一项关键的环保措施。通过分类处理，可以有效将有害废物与可回收物等进行区分，从而实现对不同类型废物的有针对性处理和利用。为此，政府、企业和社会应携手合作，建立完善的废物分类收集、运输和处理体系，促进全社会形成废物分类的良好习惯。同时，还需要加强对废物分类处理技术的研发和推广，提高分类处理的效率和质量，以确保废物分类工作能够顺利开展并取得实效。这样可以有效地减少废物的污染和对环境的影响，实现资源的有效利用和循环利用，促进可持续发展的目标实现。

2. 资源化利用

将固体废物转化为资源是一项重要的环保举措。这种转化不仅有助于减少废物对环境的污染，还能够实现资源的再利用和循环利用，从而节约资源并降低能源消耗。举例来说，将生物质废弃物用于生物质能源的生产，可以实现能源的可再生利用，减少对传统能源的依赖，同时减少温室气体排放。此外，对废旧金属进行回收再利用，不仅可以减少垃圾填埋量，还能够降低对矿产资源的开采压力，促进资源的循环利用。这些举措有助于建立可持续的资源利用体系，推动经济的绿色发展和生态文明建设。

3. 减量化管理

通过节约资源、减少消费和生产过程中的废弃物排放，可以有效减少固体废物的产生量。这需要从源头上进行管控，采取节能减排、循环利用等措施，降低废物产生的数量。例如，通过推广绿色生产技术，减少生产过程中的废弃物排放；采用循环经济模式，将废物转化为资源再利用，减少了新资源的开采。同时，鼓励消费者实行绿色消费，减少使用一次性塑料制品等，减少了废物的产生。这些措施有助于实现资源的有效利用，减少固体废物对环境造成的负面影响，促进可持续发展。

4. 加强监管和管理

政府部门应加强对固体废物的监管和管理，加大对违法违规行为的查处力度，严格落实废物处置许可制度和环境标准，确保废物处理活动符合环保要求。通过建立健全的监管体系和严格的执法机制，加强对废物产生、收集、运输、处理等环节的监督，防止废物随意排放、倾倒或非法转移，有效保护环境和公共安全。同时，政府应加强对废物处理企业和从业人员的培训和监督，提高其环保意识和技术水平，推动废物处理行业向环保、安全、高效的方向发展，确保废物处理活动的安全、环保和可持续进行。

第五章　环境法下环境退化防治法的地位与制度

第一节　环境退化防治法的目的与地位

一、环境退化防治法的目的

"随着社会的不断向前发展，环境保护与经济发展已经是世界各国共同面临的一个难题，近年来人类活动的急速发展，环境质量每况愈下，各类环境污染事故也层出不穷，给人类生存带来了严重的影响，环境问题成为了人类必须要求解决的难题，成为人们普遍关注的热点。"[1] 环境退化防治法的主要目的是防止人类行为对自然环境造成不利影响，以维护和恢复生态系统的健康和完整性。随着工业化和城市化的快速发展，人类活动对自然环境的干扰和破坏日益加剧，导致环境退化问题日益严重。环境退化不仅影响人类的生活质量，还威胁到地球生态系统的平衡和稳定。因此，制定和实施环境退化防治法成为当务之急。具体来说，环境退化防治法的目的包括以下几方面。

(一) 保持生态平衡

环境退化防治法的一项重要任务是通过规范人类行为，切实减少对生物多样性的破坏。生物多样性是地球生命体系的核心，它涵盖了从微观的细菌到庞大的鲸鱼，从绿色的森林到蓝色的海洋中的所有生物种类。随着人类活动的不断扩张，许多野生动植物及其栖息地正面临前所未有的威胁。

为了保护这些珍贵的生命资源，环境退化防治法制定了一系列严格的措施。它要求人们在进行开发活动时，必须充分考虑对当地生物多样性的影响，避免因盲目开发而导致生物种群的减少或灭绝。同时，该法还规定了对于已经遭受破坏的生物栖息地，必须采取相应的修复措施，以帮助其恢复原

---

[1] 高晨. 环境保护的法律问题研究 [J]. 法制博览，2017(22)：198.

有的生态功能。

此外，环境退化防治法还特别强调了对野生动植物的保护。它禁止非法猎杀、贩卖和食用野生动植物，对于那些因人类活动而濒临灭绝的物种，更是给予了特别的关注和保护。通过这些措施，环境退化防治法不仅保护了单个的物种，更在宏观层面上维护了整个生态系统的平衡和稳定。这种平衡和稳定的维护是至关重要的。因为一旦生态系统遭受严重破坏，就可能引发连锁反应，导致生物物种的大规模灭绝，甚至整个生态系统的崩溃。而环境退化防治法的实施，正是为了预防这种灾难性的后果，从而确保地球生命能够持续繁衍下去。

(二) 推动可持续发展

环境退化防治法不仅局限于对自然环境的直接保护，更将视野拓展至经济与环境之间的深层关系，致力于寻求二者之间的和谐共生。这一法律使我们深刻认识到，单纯的环境保护不足以解决根本问题，必须与经济发展相结合，才能实现真正的可持续发展。在这一理念的指导下，环境退化防治法积极鼓励和支持绿色产业的发展。绿色产业不仅对环境友好，而且能够创造经济效益，实现双赢。法律通过提供政策扶持、税收优惠等措施，引导企业向绿色转型，推动绿色技术的研发和应用，从而培育新的经济增长点。

同时，环境退化防治法还大力倡导清洁技术的使用。清洁技术能够在生产过程中减少污染排放，提高资源利用效率，是实现经济与环境协调发展的关键。法律要求企业采用先进的清洁生产工艺，淘汰落后的高污染技术，从而有效降低环境负荷。

此外，环境退化防治法还强调资源的高效利用和循环利用。它鼓励企业开展资源综合利用，实现废物的减量化、资源化和无害化处理。这不仅有助于节约资源，减少浪费，还能为企业带来经济效益，增强市场竞争力。

(三) 防止物理环境退化

环境退化防治法的主要目标在于防止人类活动对大自然的原有物理形态和各类物质的自然分布造成破坏。这一法律领域的出现，是对人类长期以来对自然环境过度开发和不当利用行为的深刻反思。具体而言，环境退化防治法关注的首要对象是土地、水资源、森林、草原等珍贵的自然资源。这些资源不仅是地球生态系统的重要组成部分，更是人类生存和发展的物质基础。因此，保护它们的原有状态，防止其遭受进一步破坏，是环境退化防治法的核心任务。

在土地资源方面，环境退化防治法致力于防止水土流失、土地荒漠化等现象的发生。它要求采取科学合理的土地利用方式，加强水土保持工作，以确保土地资源的可持续利用。

对于水资源，该法则着眼于保护水体的自然分布和水质安全。它禁止或限制污染物的排放，以防止水体受到污染，同时推广节水技术，提高水资源的利用效率。

在森林和草原方面，环境退化防治法旨在维护这些生态系统的稳定性和生物多样性。它鼓励植树造林、草原保护等生态恢复工程，以修复受损的生态系统，防止进一步的生态退化。

二、环境退化防治法在环境法体系中的地位

环境退化防治法在环境法体系中扮演着至关重要的角色。随着人类活动的增加和工业化进程的加速，环境问题变得越来越严重，环境退化已成为全球性的挑战。在这样的背景下，制定环境退化防治法成为维护生态平衡、保护人类生存环境的迫切需求。

第一，环境退化防治法在环境法体系中的地位体现在其法律效力和法律地位上。这类法律通常由国家立法机关制定，具有强制执行力，对环境退化问题提出明确的规范和要求。例如，针对大气污染、水体污染、土壤污染等不同类型的环境退化，各国都制定了相应的法律法规，如大气污染防治法、水污染防治法、土壤污染防治法等，以保护环境免受污染和破坏。

第二，环境退化防治法在环境法体系中的地位体现在其法律原则和规范的制定上。这类法律通常包含环境保护的基本原则，如预防原则、谁污染谁治理原则、环境影响评价原则等，为环境管理和保护提供了基本的法律框架和指导方针。这些原则的确立有助于引导社会各界在生产、生活等方面更加注重环境保护，从根本上预防和减少环境退化的发生。

第三，环境退化防治法在环境法体系中的地位还表现在其在法律体系

中的相对独立性和专业性。由于环境问题的复杂性和特殊性，环境法律往往需要具备专门的知识和专业的法律技能才能制定和执行。因此，环境退化防治法往往作为独立的法律领域存在，拥有自己的法律体系和法律专家团队，以保障其在环境保护中的有效性和专业性。

第四，环境退化防治法在环境法体系中的地位还体现在其与其他相关法律的衔接和协调上。环境问题涉及多个领域和多个利益相关者，需要与经济、社会、城市规划等其他方面的法律进行协调配合，形成环境保护的整体性和系统性。因此，在环境退化防治法的制定和实施过程中，通常需要考虑与其他相关法律的衔接，确保各项法律的协调一致，最大限度地发挥环境保护的效果。

第二节　环境退化防治法的特点与原则

一、环境退化防治法的特点

环境退化防治法作为环境保护法律体系的重要组成部分，具有其独特的特点。这些特点不仅体现了法律对环境保护的深入思考和全面规划，也反映了社会对环境保护的迫切需求和共同努力。

(一) 预防性

环境退化防治法的预防原则体现了法律对环境保护的前瞻性和主动性。这一原则要求政府、企业和个人在从事可能对环境产生影响的活动时，必须提前采取防范措施，避免或减少环境问题的产生。具体而言，预防原则强调以下几方面。

第一，政府在制定环境保护政策和法律法规时应考虑未来可能出现的环境问题，采取相应的预防性措施。政府可能会设立环境标准和指导性文件，引导企业和公众采取环境友好型的生产和生活方式，避免环境退化和污染问题的发生。

第二，企业在生产经营过程中应当加强环境管理和监督，预防环境污染和退化的发生。企业可能会建立环境管理体系，实施清洁生产技术，减少废弃物和污染物的排放，提高资源利用效率，保护生态环境。

第三，个人在日常生活中也应该注意环境保护的需要，采取预防性措施减少环境负面影响。例如，合理使用水资源、节约能源、减少塑料袋使用、垃圾分类等，都是个人可以采取的预防性措施，有助于减少环境退化和污染问题的发生。

（二）修复性

环境退化防治法注重对环境已经遭受破坏的区域进行修复和治理，体现了修复性原则的重要性。修复性原则要求政府、企业和相关责任方在环境问题发生后，积极采取措施进行治理和修复，以恢复环境的原有状态或功能。在法律中，修复性原则的具体体现包括以下几方面。

第一，针对污染场地的土壤和地下水进行治理和修复的规定，要求责任方采取必要的技术措施清理污染物，恢复土壤和地下水的质量，以减少对周围环境和公众健康的影响。

第二，针对生态破坏区域进行生态恢复和建设的制度，要求责任方进行生态修复和植被重建，以恢复生态系统的稳定性和功能。这可能涉及植树造林、湿地保护、草原恢复等生态工程，以促进植被覆盖率的增加和生物多样性的保护。

第三，针对违法排污、破坏生态等行为进行严厉打击和处罚的规定，要求对环境违法行为进行严肃查处，追究责任人的法律责任，以起到警示作用，防止类似行为再次发生，维护环境法律法规的权威和严肃性。

这些措施的实施旨在通过法律手段强制相关责任方履行环境修复义务，推动环境保护工作的有效开展，恢复受损环境，维护生态平衡。修复性原则的实施有助于减轻环境退化和污染问题带来的影响，保障人民群众的生态环境权益，促进可持续发展。

（三）全面性

环境退化防治法的首要特点是其全面性。这部法律不仅关注传统的环境问题，如大气污染、水体污染等，还深入涉及土地退化、生物多样性丧失等更深层次的环境问题。它旨在从整体上保护和改善环境，防治各种形式的环境退化。

全面性体现在法律对环境保护的各个环节都进行了详细规定。从污染源的控制到生态环境的修复，从政府责任到企业和个人的义务，环境退化防治法都提供了明确的法律指导和行为规范。比如，法律规定了不同类型环境污染源的排放标准和管控要求，同时也规定了对污染场地的土壤和地下水进行治理和修复的程序与标准。此外，法律还规定了政府、企业和个人在环境保护方面的职责和义务，明确了各方在环境保护中的角色和责任。这种全面性使得环境保护工作能够在各个领域得到有效推进，实现环境质量的全面提升。通过全面的法律规定和行为规范，可以更好地保护生态环境，预防和治理各种形式的环境退化，为人类的可持续发展提供坚实的法律保障。

(四) 综合性

环境退化防治法具有综合性的特点，综合运用行政、经济、技术等多种手段来推进环境保护工作。

第一，在行政手段方面，该法规定了政府及其相关部门在环境保护方面的职责和权限，确保政府能够依法行使职权、履行职责。政府通过制定环境保护政策、规划和法律法规，组织环境监测和评估，加强环境执法监督等手段，推动环境保护工作的开展。

第二，在经济手段方面，环境退化防治法通过设立环保税、排污权交易等制度，引导企业和个人减少污染排放、提高资源利用效率。环保税和排污权交易等经济激励措施可以促使企业自觉加强环境管理，减少环境污染，降低环境成本，推动绿色生产和可持续发展。

第三，在技术手段方面，环境退化防治法鼓励和支持环保技术的研发和应用，推动环保产业的创新和发展。政府可能会设立环保科技基金、支持环保技术研究和转化，提供税收优惠政策等措施，促进环保技术的广泛应用，推动环境保护工作向高效、低碳、清洁方向发展。

二、环境退化防治法的原则

(一) 风险预防原则

风险预防原则是环境保护和安全管理领域中的重要理念，强调在可能出现危害或风险之前采取预防性措施，以防止事故和灾难的发生，保护人民生命财产安全以及环境健康。这一原则在环境管理、工业生产、公共安全等方面具有广泛的应用。

第一，风险预防原则要求对潜在危险进行全面评估和分析。通过对可能导致事故或灾难的因素进行识别和评估，及时发现潜在风险，从而制定相应的预防措施和应对策略。

第二，风险预防原则强调采取前瞻性的管理和控制措施。在确定潜在风险后，应该立即采取措施，通过技术、管理、制度等手段预防事故的发生，确保生产过程的安全稳定。

第三，风险预防原则倡导持续的监测和改进。不断跟踪和监测潜在风险的变化和发展趋势，及时调整和改进预防措施，以适应不断变化的环境和生产条件，保持系统的安全稳定。

第四，风险预防原则强调全员参与和责任共担。除了管理者和专业人员的责任外，员工和公众也应该参与风险预防工作，增强风险意识，积极配合实施预防措施，共同维护生产环境的安全和稳定。

(二) 综合防治原则

综合防治原则由预防、防治、综合治理三个部分组成，旨在通过事先预防、全面预防和治理，以及采取综合的方法和手段来保护环境。这一原则强调预防为主、防治结合、综合治理，不仅在传统环境法中体现出来，而且在环境退化防治法中也得到了很好的体现。

第一，预防为主。综合防治原则强调在环境问题发生之前采取预防性措施，以降低环境风险和防止环境问题的发生。这包括加强环境监测和评估，制定环境保护规划和政策，推广清洁生产技术，以及加强环境教育和宣传等措施，以减少环境污染和退化的发生。

第二，防治结合。综合防治原则强调预防与治理相结合，即在采取预防性措施的同时，也需要对已经发生的环境问题进行治理。这包括对环境污染源进行控制和减排，修复受损的生态系统，提高环境质量，保护生态环境。

第三，综合治理。综合防治原则强调采取综合的方法和手段来保护环境，包括政策法规的制定和执行、技术手段的应用、经济激励措施的实施、社会参与和公众监督等方面的综合治理。通过多种手段的综合运用，可以更有效地保护环境、促进可持续发展。

(三) 积极防治原则

积极防治不同于事先预防，也不是消极预防的相反意思。积极防治表明对环境问题不仅要积极地预防，还要积极地治理。目前，在学界提到的积极性多指积极的预防，国际、国内的环境法也还没有将其确立为一项基本原则。环境退化防治法中应确立积极防治原则，理由如下。

第一，环境退化产生的特点决定了对环境退化的防治多数情况下是事后的治理占据主要方面。人类认知能力的有限性、自然环境之于人的不确定性因素的大量存在，以及人类自身对权利的普遍渴求决定了人们不可能在边追逐利益的同时进行环境退化的防治。对环境退化的防治多是在被动情况下启动的。

第二，环境退化是环境要素的功能发生的一种缓慢的、持续的变化。这种变化起初人类不易察觉，等到人类察觉，它已经开始施虐了。有些环境退化现象一旦发生短时期内就很难恢复原状，这在某种程度上会挫伤人们防治的积极性。因此，将积极防治确立为环境退化防治法的基本制度，具有激发人们防治环境退化的积极性及自觉性的功能。

(四) 保持与保存原则

在环保方面，"保持"有两层含义：①环境要素及其组合所维持人们持续利用其功能的一种状态；②发生环境退化后，应在做好保持的基础上再进行治理。

环境退化之所以出现是因为为人类提供生存条件的某环境要素的功能衰退或减弱。退化是不利用人类的一种变化。这种变化说明之前对于这些环境功能的保持和保存工作没有做好。

保持和保存方法可以分别使用，也可以并用。一般地，对生态脆弱的地区应多采用保存办法，保存期间，人们不能对其加以利用。对生态功能比较好的地区，根据情况可以采取保持的方法，保持期间，人们可以对其进行生产、生活的利用。当然，保持方法和保存方法可以交替使用。

(五) 科学防治原则

科学防治是指在对环境退化进行防治过程中，不盲目、不冒进，也不能完全依赖于经验。这里的科学是指人们防治环境退化时应该采取的一种合理态度，而不是指知识、技术本身。

在环境退化防治的实践中，不乏盲目冒进的做法，也不乏依赖科学、沉溺经验的先例。为此，人们曾经付出了高昂的代价。例如，以前在水资源比较缺乏的荒漠化地区，植树种草被认为是最理想的治荒、治沙方法。但是，直到最近几年，人们发现这完全是一种不符合科学的盲从行为。这种方法不仅最终无法治荒、治沙，而且会浪费掉本就短缺的地下水分，荒漠化地区的环境状况进一步恶化。又如，在西北地区的节水方案探索中，许多人主张用滴灌方式替代传统的大水漫灌方式，因为后者浪费了大量的水。可也有研究表明，传统的大水漫灌方式，其功能不仅在于灌溉，还在于补充地下水资源，维持一个生态平衡。倘若废弃了这种方式而采用滴灌方式，势必导致地下水补充不足，破坏整个生态系统，加剧土地荒漠化。

第三节　环境退化防治的方法与基本制度

一、环境退化防治的方法

环境退化防治的方法涉及多个领域和层面，包括政府管理、科学技术、社会参与等方面。综合运用各种方法，可以有效地减缓和遏制环境退化的发展趋势，保护生态环境的稳定和健康。常见的环境退化防治方法如下。

（一）生态修复与保护

生态修复与保护是环境退化防治的重要方面，旨在加强对生态系统的保护和恢复工作，重建生态平衡，提高生态系统的抗干扰能力和稳定性。为此，各级政府和社会组织开展了一系列生态工程，以促进生物多样性的保护和恢复。

第一，植树造林是一项常见而有效的生态修复工程。通过植树造林，可以恢复绿色植被覆盖，改善土壤质量，净化空气，提供采食地和栖息地，促进生态系统的恢复和稳定。

第二，湿地保护是重要的生态修复措施之一。湿地是生物多样性的重要栖息地，对调节气候、保持水源、净化水质等具有重要作用。加强湿地保护，可以维护湿地生态系统的完整性，促进湿地生态系统的恢复和稳定。

第三，草原恢复也是生态修复工程的重要组成部分。草原是重要的生态系统类型，对维持地球生态平衡具有重要作用。加强草原保护和恢复，可以促进草原植被的生长，提高土地的植被覆盖率，减少草原退化和土地沙化。

（二）资源合理利用

资源合理利用是环境退化防治的关键策略之一，旨在优化资源配置，提高资源利用效率，减少资源浪费和过度开发，从而实现可持续发展。

第一，推广节能减排技术是资源合理利用的重要举措之一。通过采用先进的节能技术和设备，可以减少能源消耗，降低二氧化碳等温室气体排放，减缓气候变化的影响。例如，推广高效节能的工业设备、建筑材料和交通工具，可以有效减少能源消耗和环境污染。

第二，鼓励绿色生产和消费也是资源合理利用的重要措施之一。绿色生产是指在生产过程中尽量减少对环境的影响，减少排放和废弃物的产生。绿色消费则是指选择环保、节能、低碳的产品和服务，减少资源消耗和环境负荷。政府可以通过制定相关政策，提供税收优惠和补贴等激励措施，推动企业和消费者向绿色方向转变。

第三，推动循环经济和可持续发展也是资源合理利用的重要途径。循环经济是指通过优化资源利用和产业链条，实现资源的循环利用和再生利用，最大限度地减少资源消耗和废物排放。政府可以制定相关政策和标准，建立循环经济的产业体系和市场机制，推动企业加强资源回收和再利用，促进经济可持续发展。

(三) 污染治理与减排技术

污染治理与减排技术是环境退化防治中的重要方面，其主要目标是通过采用先进的技术手段对工业废气、废水、固体废物等进行有效处理和控制，从而减少对环境的不良影响。

在工业生产中，常常会产生大量的废气、废水和固体废物，其中含有各种有害物质和污染物。为了减少这些污染物对环境造成的危害，可以采用各种污染治理技术进行处理。例如，针对工业排放的废气，可以使用除尘设备、烟气脱硫脱硝装置等技术进行治理，将有害颗粒物和气体污染物去除或转化为无害物质，减少其对大气的污染。对于废水排放，可以建设废水处理厂，采用生物处理、化学处理等方法对废水进行净化处理，降低其中污染物的浓度，达到排放标准，保护水环境的健康。对于固体废物，可以建设固废处理设施，采用焚烧、填埋、回收等方法对固体废物进行处理，减少其对土壤和地下水的污染。这些污染治理与减排技术的应用可以有效地降低工业生产对环境的影响，保护生态环境的健康和稳定。同时，这些技术手段的不断创新和完善也为环境保护提供了技术支持和保障，促进了工业生产的可持续发展和绿色转型。因此，污染治理与减排技术在环境退化防治中具有十分重要的作用和意义。

(四) 公众参与与环境教育

"环境资源保护法中的公众参与，是人类由原来的为了生存、经济发展而不断地破坏环境到对环境保护意识增强的阶段提升；环境资源保护中的公众参与制度，已经成为解决环境问题的一个最基本的前提和基础。"[1] 公众参与与环境教育是环境退化防治的重要组成部分，旨在加强公众对环境保护事务的参与，提高公众环保意识和素养，促进社会各界共同参与环境

---

[1] 周晶菁. 论环境资源法中的公众参与制度 [J]. 法制与社会，2015(9)：24.

治理。

第一，开展环境教育宣传活动是加强公众环保意识和素养的重要途径之一。通过举办各类环境教育活动，如讲座、展览、宣传片等，向公众普及环境知识，提高公众对环境问题的认识和了解，激发公众参与环境保护的热情和动力。

第二，倡导绿色生活方式也是提高公众环保意识和素养的重要举措之一。通过宣传和倡导节约资源、减少污染、低碳环保的生活方式，引导公众改变消费习惯，选择环保产品和服务，减少废物排放，促进可持续消费和生活方式的转变。

第三，推动环保组织和志愿者的参与也是加强公众参与环境治理的重要途径。环保组织和志愿者在环境监测、宣传教育、公众参与等方面发挥着重要作用，可以通过开展环保活动、组织环保行动等方式，促进社会各界共同参与环境保护，推动环境治理工作的开展。

二、环境退化防治的基本制度

(一) 防沙治沙制度

防沙治沙制度是一项旨在预防土地沙化、治理沙化土地、维护生态安全、促进经济和社会的可持续发展的制度体系。它的建立和实施，对于维护我国的生态安全、促进经济和社会的可持续发展具有至关重要的意义。

防沙治沙制度强调政府的主导作用。沙化土地所在地区的市、县、乡镇人民政府都应当建立政府行政领导防沙治沙任期目标责任考核奖惩制度，将防沙治沙的年度目标和任期目标纳入政绩考核范围。这样，通过明确的责任划分和考核奖惩，可以确保各级政府高度重视防沙治沙工作，有效地推动防沙治沙工作的深入开展。

同时，防沙治沙制度还注重科学规划。防沙治沙实行统一规划，这有助于各地根据自身的实际情况，制定切实可行的防沙治沙方案，避免盲目性和随意性。规划的制定过程中，还需要充分考虑生态环境、经济发展和社会需求等多方面因素，确保防沙治沙工作的科学性和有效性。

防沙治沙制度还鼓励社会各界广泛参与。通过政策引导、资金扶持等措施，吸引更多的企业和个人投入到防沙治沙工作中来。这种多元化的参与模式，不仅可以缓解政府财政压力，还可以提高防沙治沙工作的效率和效果。

(二) 封山绿化制度

封山绿化制度是一项旨在保护和恢复森林植被、促进生态环境改善的重要政策。该制度通过封禁山区，限制人类活动，让自然力量去恢复森林生态，从而达到绿化山区的目的。封山绿化制度的实施，需要对封山区域进行科学合理的规划。在规划过程中，要充分考虑山区的自然环境、生态特点以及人类活动的影响，确保封禁措施既能有效保护森林资源，又能满足当地居民的基本生产生活需求。

在封山期间，需要采取一系列措施来加强管理和监督。这包括设置明显的封禁标志，加强巡逻力度，防止非法砍伐、放牧等破坏森林资源的行为。同时，还需要对封山区域进行定期监测和评估，及时发现问题并采取措施加以解决。

封山绿化制度的实施还需要社会各界的广泛参与和支持。政府需要加大宣传力度，提高公众对封山绿化重要性的认识，引导大家积极参与到保护森林资源的行动中来。此外，还可以引入市场机制，鼓励企业和社会资本投入封山绿化事业，形成多元化的投入格局。

封山绿化制度的实施不仅有助于改善生态环境，提高森林覆盖率，还能促进当地经济的可持续发展。通过保护森林资源，可以吸引更多的游客前来观光旅游，推动当地旅游业的发展。同时，良好的生态环境也能为当地居民提供更好的生活空间和质量。

(三) 植被管护制度

植被管护制度是一种重要的生态保护措施，旨在维护和改善植被覆盖，保护生态系统的稳定和健康。这一制度涉及对植被的种植、养护、保护、更新等方面的管理，以确保植被的良好状态和功能。

第一，植被管护制度需要依托于法律法规的支持。各国都会制定相关的森林法、草原法等法律法规，明确规定了对植被的保护和管理要求，为植被管护提供了有力的法律依据和保障。

第二，政府部门会通过制订政策和计划，对植被进行管护。政府可能会投入资金用于植被的种植、养护和保护工作，制订相关的管护计划，明确植被管护的目标、任务和措施，为植被的良好生长提供支持和保障。

第三，技术支持是植被管护制度的重要手段之一。政府和相关机构可以提供种植技术、养护技术等方面的支持和指导，帮助农民或其他管理者正确选择植被品种，制定科学的种植、管理和保护措施，提高植被管护的效果。

第四，植被管护制度还需要建立健全的监管和管理机制。政府部门可以建立相关的植被监测和评估体系，对植被的生长状况进行定期监测和评估，发现问题及时进行处理，保证植被的健康生长。

第六章 绿色理念下环境法的实践措施

第一节 绿色理念下环境法的实施

"在现代环境危机背景下提出的绿色发展理念，其核心思想就是使经济发展与环境保护相协调，也即实现'生产发展、生活富裕、生态良好'并存的状态。"① 绿色理念在环境法实施中扮演着重要的角色。它强调了环境与发展之间的平衡，主张通过法律手段保护生态环境、促进可持续发展。

第一，绿色理念下的环境法体现了一系列的法律原则，以保护环境为核心。其中，以预防原则为基础，鼓励在环境问题发生之前采取预防性措施，以减少环境破坏的可能性。此外，污染者付费原则要求污染者承担因其活动所造成的环境污染的清理和修复费用，激励其采取减少污染的措施。另外，绿色理念下的环境法还体现了生态赔偿原则，即对被环境损害者进行经济赔偿，以弥补环境损害所造成的损失。

第二，政府在环境法实施中强调了绿色理念的政策导向。政府通过制定环保政策、发展清洁能源、推动绿色技术创新等方式，引导企业和社会各界朝着绿色发展方向转型。例如，政府可能会制定能源节约减排目标，推动清洁能源的发展和利用，减少对环境的污染和破坏。同时，政府也会加大对环境违法行为的监管和惩罚力度，倡导绿色生产、消费和生活方式，推动全社会形成绿色理念。

第三，绿色理念下的环境法实施需要建立健全的制度机制。这包括环境监测、评估、治理等方面的制度建设。例如，建立环境监测网络，对环境质量进行实时监测和评估，及时发现和解决环境问题。同时，建立环境信息公开制度，向社会公开环境数据和信息，促进公众参与环境保护。此外，建立健全的环境审查制度，对涉及环境的项目和政策进行审查，确保其符合绿

---

① 刘卫先. 绿色发展理念的环境法意蕴 [J]. 法学论坛，2018，33(6)：39.

色理念下的环境法要求。

第四，绿色理念下的环境法实施需要加强社会参与和民主治理。政府应该鼓励公众参与环境决策的过程，听取公众意见，保障公众知情权、参与权和监督权。同时，鼓励建立环保组织和志愿者队伍，加强环境保护力量，推动环境法的贯彻执行。

第二节　绿色理念下的环境立法实践

绿色理念是指在社会经济发展中，注重环境保护、资源节约和可持续发展的一种理念。在绿色理念指导下，环境立法成为保护生态环境、促进可持续发展的重要手段之一。环境立法的实践涉及法律的制定、修改、执行和监督等多个环节，需要政府、立法机构、行政部门、专家学者和社会公众的共同参与和努力。

第一，在绿色理念下的环境立法实践中，政府是推动立法进程的主要力量。政府根据国家发展战略和环境保护的需要，制定环境法律法规，明确环境保护的政策目标和方向。政府还会组织开展立法前的调研和论证工作，收集各方意见，制定相应的立法方案，并向立法机构提交审议。

第二，立法机构是环境立法实践中的重要主体。立法机构负责审议和通过环境法律法规，保障立法的科学性、合理性和民主性。立法机构可能会设立环境保护专门委员会或小组，负责环境立法的专门工作，加强对环境立法的专业性和专注性。

第三，在环境立法实践中，行政部门承担着法律执行和监督的责任。行政部门负责组织实施环境法律法规，制定实施细则和标准，推动环境保护工作的落实。行政部门还要加强对环境违法行为的监管和执法力度，及时处理环境违法案件，保障环境法的有效执行。

第四，专家学者在环境立法实践中发挥着重要作用。专家学者通过研究环境问题、提出政策建议、评估立法效果等方式，为环境立法提供理论支持和技术指导。他们可能会参与立法前的调研、立法过程中的专家论证和立法后的评估工作，为环境立法的科学性和有效性提供保障。

第五，社会公众也是环境立法实践中的重要参与者和监督者。社会公众可以通过各种途径表达对环境问题的关注和诉求，参与环境立法的意见征集、公开听证等环节，推动环境立法的民主化和透明化。同时，社会公众还可以通过监督和评价环境法律法规的执行情况，促进环境法的有效实施。

第三节　绿色理念下环境保护法的实施

在绿色理念的指引下，环境保护法的实施不仅关乎国家生态文明建设的进程，更是实现可持续发展、造福子孙后代的重大举措。环境保护法的实施，旨在通过法律手段，规范人类行为，保护自然环境，实现人与自然的和谐共生。

第一，环境保护法的实施强调预防优先、源头治理。法律明确规定了各类污染物的排放标准，要求企业和个人在生产生活中严格遵守，从源头上减少污染物的产生。同时，法律还鼓励采用清洁生产技术和循环经济模式，推动产业结构优化升级，降低环境风险。这种预防优先、源头治理的实施策略，有助于从根本上改善环境质量，减少环境污染。

第二，环境保护法的实施注重严格执法和公正司法。法律赋予环保部门以执法权，对违法行为进行严厉打击。同时，法律还规定了环境侵权责任的承担方式和赔偿标准，为受害者提供了法律保障。在司法实践中，法院积极受理环境侵权案件，公正审理，依法判决，维护了环境权益。通过严格执法和公正司法，环境保护法得以有效实施，保护了生态环境，维护了社会公平正义。

第三，环境保护法的实施还注重公众参与和社会监督。法律明确规定了公众在环境保护中的权利和义务，鼓励公众参与环保活动，提出环保建议。同时，政府还建立了环保信息公开制度，定期发布环境质量报告和污染源信息，接受社会监督。通过公众参与和社会监督，环境保护法的实施更加透明、公正、有效。

绿色理念下环境保护法的实施也面临着一些挑战和困难。一方面，由于环境问题的复杂性和多样性，环境保护法的实施需要跨部门、跨地区的协作配合，难度较大；另一方面，一些企业和个人对环保法律的认识不足，守法意识不强，也给环保法律的实施带来了一定的阻力。为了克服这些挑战和困难，需要从三个方面加强环境保护法的实施：①加强环保法律宣传和教育，通过广泛宣传环保法律的重要性和意义，提高公众对环保法律的认识和遵守意识；②加强环保执法队伍建设，通过提高执法人员的素质和能力，加强执法队伍的建设和管理，确保环保法律得到严格执行；③加强环保法律制度的完善和创新，根据环境问题的新情况、新特点，不断完善和创新环保法律制度，提高环保法律的针对性和有效性。

参 考 文 献

[1] 王文革.环境资源法：理论·实务·案例 [M].北京：中国政法大学出版社，2016.

[2] 崔桂台，赵旭东.中国环境保护法律制度 [M].北京：中国民主法制出版社，2020.

[3] 周晶菁.论环境资源法中的公众参与制度 [J].法制与社会，2015(9)：24.

[4] 刘功文.试论环境资源有偿使用原则 [J].时代法学，2009，7(3)：67.

[5] 李添姿.环境资源刑事附带民事公益诉讼制度研究 [D].海口：海南大学，2021：4.

[6] 刘红霞.环境保护工程中大气污染防治要点分析 [J].皮革制作与环保科技，2023，4(24)：120.

[7] 杨志恒，朱好，秦花蕊.探讨水污染防治攻坚战的重要措施 [J].环境与发展，2020，32(12)：42.

[8] 翟文超.固体废物污染防治与管理策略探究 [J].皮革制作与环保科技，2023，4(2)：19.

[9] 高晨.环境保护的法律问题研究 [J].法制博览，2017(22)：198.

[10] 刘卫先.绿色发展理念的环境法意蕴 [J].法学论坛，2018，33(6)：39.

[11] 潘存祥.我国环境规划制度立法完善研究 [D].湘潭：湘潭大学，2015：5.

[12] 施志源.环境标准的现实困境及其制度完善 [J].中国特色社会主义研究，2016(1)：95.

[13] 代杰.环境法理学 [M].天津：天津大学出版社，2020.

[14] 王社坤，苗振华.环境保护优先原则内涵探析 [J].中国矿业大学学报 (社会科学版)，2018，20(1)：26-41.

[15] 孟梅.我国环境资源法法典化的目标 [J].哈尔滨学院学报，2011，32(7)：64-68.

[16] 张黎平.论我国现行《环境保护法》的目的 [J].法制博览，2019(18)：255.

[17] 李青梅.试论自然环境对人类社会发展的作用 [J].湖北第二师范学院学报，2012，29(7)：42-44.

[18] 胡静，汤宇仲.环境法广义法源与环境法典的适配性研究 [J].湖北社会科学，2022(10)：124-136.

[19] 石晓波，卢炳权.论环境民事公益诉讼中因果关系要件的证明 [J].河南社会科学，2024，32(2)：43-52.

[20] 薛艳华.国家治理视域下环境行政公益诉讼的社会化拓展 [J].苏州大学学报(法学版)，2023，10(4)：70-80.

[21] 张亚峰.环境法伦理基础的审视与抉择 [J].法大研究生，2019(2)：32-47.

[22] 曹炜.环境法典基本原则条款构建研究 [J].中国法学，2022(6)：113-133.

[23] 栾靖.《环境保护法》中的公众参与原则研究 [J].法制博览，2023(17)：33-35.

[24] 胡有缘，康方燕.浅谈环境影响评价制度 [J].清洗世界，2023，39(12)：100-102.

[25] 赵春.我国环境法理论更新与制度完善：基于生态文明视域 [J].辽宁师范大学学报(社会科学版)，2014(5)：628-633.

[26] 梁磊.环境法理论研究新思路的拓展：评《环境法原理专论》[J].新闻与写作，2016(8)：132.

[27] 蔡守秋.环境法学理论的要点和意义 [J].现代法学，2001，23(4)：85-95.

[28] 魏欣.浅谈环境资源法制的完善 [J].政府法制，2011(13)：50-51.

[29] 徐一鸣.论我国环境资源法律在实施中的障碍及其对策 [J].楚天法治，2018(27)：78-79.

[30] 侯秀秀，冯振亚.论环境污染的成因及防治的法律对策 [J].金田，

2013（5）：219.

[31] 地力娜尔·君马克.《环境保护法》中公众参与权研究 [J]. 内蒙古财经大学学报，2023，21（3）：149-152.

[32] 李挚萍. 生态环境修复责任法律性质辨析 [J]. 中国地质大学学报（社会科学版），2018，18（2）：48-59.

[33] 王灿发. 论生态文明建设法律保障体系的构建 [J]. 中国法学，2014（3）：34-53.